Një Udhëtim Kulinar Mesdhetar

100 RECETA PËR TË EKSPLORUAR SHIJET DHE TRADITAT E PASURA TË MESDHEUT

Aida Paja

Të gjitha të drejtat e rezervuara.

Mohim përgjegjësie

Informacioni i përmbajtur në këtë eBook ka për qëllim të shërbejë si një koleksion gjithëpërfshirës i strategjive për të cilat autori i këtij libri elektronik ka bërë kërkime. Përmbledhjet, strategjitë, këshillat dhe truket janë vetëm rekomandime nga autori, dhe leximi i këtij libri elektronik nuk do të garantojë që rezultatet e dikujt do të pasqyrojnë saktësisht rezultatet e autorit. Autori i librit elektronik ka bërë të gjitha përpjekjet e arsyeshme për të ofruar informacion aktual dhe të saktë për lexuesit e librit elektronik. Autori dhe bashkëpunëtorët e tij nuk do të mbajnë përgjegjësi për ndonjë gabim ose lëshim të paqëllimshëm që mund të gjendet. Materiali në eBook mund të përfshijë informacione nga palë të treta. Materialet e palëve të treta përbëhen nga mendimet e shprehura nga pronarët e tyre. Si i tillë, autori i librit elektronik nuk merr përsipër përgjegjësi ose përgjegjësi për ndonjë material ose opinion të palëve të treta. Qoftë për shkak të përparimit të internetit, ose për shkak të ndryshimeve të paparashikuara në politikën e kompanisë dhe udhëzimet e paraqitjes editoriale, ajo që deklarohet si fakt në kohën e këtij shkrimi mund të bëhet e vjetëruar ose e pazbatueshme më vonë.

Libri elektronik është me të drejtë autori © 2023 me të gjitha të drejtat e rezervuara. Është e paligjshme rishpërndarja, kopjimi ose krijimi i veprës së derivuar nga ky eBook tërësisht ose pjesërisht. Asnjë pjesë e këtij raporti nuk mund të riprodhohet ose ritransmetohet në çfarëdolloj riprodhimi ose ritransmetimi në çfarëdo forme pa lejen e shkruar dhe të nënshkruar nga autori.

TABELA E PËRMBAJTJES

TABELA E PËRMBAJTJES...4

PREZANTIMI...8

MEZHET MESDHETARE..10

1. SKUQJE KARKALECASH TË FRESKËTA........................11
2. DOMATE TË MBUSHURA..14
3. SKUQE ME MERLUC ME KRIPË ME AIOLI....................17
4. KROKETA ME KARKALECA DETI...................................21
5. C PATATE TË SKUQURA ME ERËZA.............................24
6. S KRAÇAKË GAMBAS...27
7. VINEGRETTE ME MIDHJE...30
8. SPECAT E MBUSHUR ME ORIZ.....................................33
9. KALAMARI ME ROZMARINË DHE VAJ DJEGËS............36
10. SALLATË TORTELLINI...39
11. SALLATË ME MAKARONA CAPRESE..........................41
12. BRUSKETA BALSAMIKE..43
13. TOPA PICASH...46
14. KAFSHIMET E GOCËS DHE PROSHUTËS...................49
15. PATËLLXHANË ME MJALTË..52
16. SUXHUK I GATUAR NË MUSHT....................................55
17. KAFSHIMET E PASTË PULE ITALIANE........................57
18. QEBAP VIÇI SPANJOLL..59
19. PËRZIERJE KROKANTE E KOKOSHKAVE ITALIANE...62
20. TOPA ARANCINI...65
21. MANÇEGO ME KONSERVË PORTOKALLI...................70
22. NACHOS ITALIAN...74
23. PINTXO PULE..78
24. MBËSHTJELLËSE ITALIANE TË VIÇIT..........................81

    25. Përmbledhje me speca italiane.................84

KURSI KRYESOR MESITERAN.........................87

    26. Oriz italian spanjoll..............................88
    27. Italian Twist Paella.............................92
    28. Sallatë spanjolle me patate..................96
    29. Carbonara spanjolle..........................100
    30. Qofte në salcë domate......................103
    31. Supë me fasule të bardhë..................106
    32. Peshku i peshkut...............................109
    33. Makarona e Fagioli............................112
    34. Supë me qofte dhe Tortelini...............115
    35. Marsala pule.....................................118
    36. Pulë me çedër me hudhër..................121
    37. Fettuccini pule Alfredo......................124
    38. Ziti me sallam...................................127
    39. Suxhuk dhe speca.............................130
    40. Lazanja e ëmbël................................133
    41. Diavolo me ushqim deti.....................137
    42. Linguine dhe karkaleca Scampi..........140
    43. Karkaleca me salcë kremi Pesto.........143
    44. Supë me peshk dhe Chorizo...............146
    45. Ratatouille spanjolle..........................149
    46. Merak me fasule dhe Chorizo.............152
    47. Gazpacho...155
    48. Kallamar dhe Oriz..............................159
    49. Zierje lepuri në domate......................162
    50. Karkaleca me kopër...........................165

ËSHTËRTËSITË MESIDETARE......................168

    51. Panna Cotta me çokollatë..................169
    52. Galette Cheesy me Salami.................172
    53. Tiramisu...175
    54. Byrek kremoz Ricotta........................178

55. BISKOTA ANISETTE...180
56. PANNA COTTA...183
57. FLAN KARAMEL..186
58. KREM KATALAN..189
59. KREM SPANJOLL PORTOKALLI-LIMON.............................192
60. PJEPRI I DEHUR...195
61. SHERBETI I BAJAMES..198
62. TORTE ME MOLLË SPANJOLLE..201
63. CARAMEL KREM...205
64. TORTË ME DJATHË SPANJOLLE..208
65. KREM I SKUQUR SPANJOLL..211
66. BYREK ITALIANE ME ARTICHOKE.....................................215
67. PJESHKË ITALIANE TË PJEKURA..219
68. TORTË PIKANTE ITALIANE ME KUMBULLA ME KUMBULLA....222
69. SPANISH KARAMELE ME ARRA...226
70. HONEY ED PUDING...228
71. TORTE QEPE SPANJOLLE..231
72. SUFLE TIGANI SPANJOLL..234
73. SEMIFREDO ME MJALTË TË NGRIRË..................................236
74. ZABAGLIONE..240
75. AFFOGATO...243

PIJET MESIDETARE...245

76. RUM DHE XHENXHEFIL..246
77. KREM SODE ITALIANE..248
78. SANGRIA SPANJOLLE...250
79. TINTO DE VERANO..253
80. VERË E BARDHË SANGRIA..255
81. HORCHATA..258
82. LICOR 43 KUBA LIBRE..261
83. FRUTA AGUA FRESCA..263
84. CAIPIRINHA..265
85. KARAJILLO...267

86. Liker limoni..269
87. Sgroppino...272
88. Aperol Spritz..274
89. Sode italiane Blackberry...........................276
90. Kafe Italiane Granita................................278
91. Limonadë borziloku italian.....................280
92. Gingermore...283
93. Hugo..285
94. Frape me fruta të freskëta spanjolle......288
95. Çokollatë e nxehtë në stilin panish........290
96. Chinotto jeshile..292
97. R ose S pritz...294
98. Ho ney bee cortado..................................296
99. Agrumet e hidhura...................................298
100. Pisko i thartë..301

PËRFUNDIM..303

PREZANTIMI

Mirë se vini në "Një Udhëtim Kulinar Mesdhetar". Rajoni i Mesdheut, me peizazhet e tij të lë pa frymë dhe kulturat e ndryshme, është njohur prej kohësh për kuzhinën e tij të gjallë që pasqyron thelbin e vetë jetës. Ky libër gatimi është një ftesë për t'u zhytur në shijet, ngjyrat dhe historitë që kanë formësuar sixhadenë e kuzhinës të këtij rajoni të përjetshëm.

Nga brigjet e Greqisë deri te kodrat e Italisë, nga tregjet e Marokut deri te vreshtat e Spanjës, çdo cep i Mesdheut ofron një përvojë unike dhe magjepsëse kulinare. Në këto faqe, do të zbuloni një koleksion recetash të kuruar me kujdes që i bëjnë homazh bujarisë së rajonit të përbërësve të freskët, barishteve aromatike dhe erëzave të guximshme. Pavarësisht nëse jeni duke rikrijuar një pjatë tradicionale familjare ose duke hyrë në një aventurë të re kulinare, këto receta kapin zemrën dhe shpirtin e gatimit mesdhetar.

Përgatituni të frymëzoheni nga thjeshtësia dhe eleganca që përcakton kuzhinën mesdhetare.

Udhëtimi ynë së bashku do të përfshijë një përzierje ushqimesh deti, vajra ulliri aromatike, perime të puthitura nga dielli dhe melodië e lezetshme të të qeshurit rreth tryezës. Ndërsa gërmoni në recetat, jo vetëm që do të zotëroni teknikat, por gjithashtu do të kultivoni një vlerësim për gëzimin e mbledhjes, ndarjes dhe shijimit të kënaqësive të jetës.

MEZHET MESdhetare

1. Skuqje karkalecash të freskëta

Shërben 6

Përbërësit :

- ½ kile karkaleca të vogla, të qëruara
- 1½ filxhan qiqra ose miell i rregullt
- 1 lugë gjelle majdanoz të freskët të copëtuar me gjethe të sheshta
- 3 qepë, pjesa e bardhë dhe pak nga majat e gjelbra të buta, të grira hollë
- ½ lugë çaji paprika e ëmbël /pimenton
- Kripë
- Vaj ulliri për tiganisje të thellë

Drejtimet :

a) Gatuani karkalecat në një tenxhere me ujë të mjaftueshëm sa t'i mbulojë dhe lërini të ziejnë në zjarr të fortë.

b) Në një tas ose përpunues ushqimi, kombinoni miellin, majdanozin, qepën dhe pimentonin për të prodhuar brumin. Shtoni ujin e zierjes së ftohur dhe pak kripë.

c) Përziejini ose përpunoni derisa të keni një strukturë që është pak më e trashë se brumi i petullave. Lëreni në frigorifer për 1 orë pasi ta mbuloni.

d) Hiqini karkalecat nga frigoriferi dhe grijini imët. Grirat e kafesë duhet të jenë sa madhësia e copave.

e) Hiqeni brumin nga frigoriferi dhe përzieni karkalecat.

f) Në një tigan të rëndë, derdhni vajin e ullirit në një thellësi prej rreth 1 inç dhe ngroheni mbi nxehtësi të lartë derisa praktikisht të tymoset.

g) Për çdo skuqje, derdhni 1 lugë gjelle brumë në vaj dhe rrafshoni brumin me pjesën e pasme të një luge në një diametër rrethor 3 1/2 inç.

h) Skuqini për rreth 1 minutë nga secila anë, duke e rrotulluar një herë, ose derisa skuqjet të jenë të arta dhe të freskëta.

i) Hiqni skuqjet me një lugë të prerë dhe vendosini në një enë kundër furrës.

j) Shërbejeni menjëherë.

2. Domate të mbushura

Përbërësit :

- 8 domate të vogla, ose 3 të mëdha
- 4 vezë të ziera fort, të ftohura dhe të qëruara
- 6 lugë Aioli ose majonezë
- Kripë dhe piper
- 1 lugë majdanoz, i grirë
- 1 lugë gjelle bukë të bardhë, nëse përdorni domate të mëdha

Udhëzime :

a) Zhytni domatet në një legen me ujë të ftohtë ose jashtëzakonisht të ftohtë pasi t'i hiqni lëkurën në një tigan me ujë të valë për 10 sekonda.

b) Prisni majat e domateve. Duke përdorur një lugë çaji ose një thikë të vogël, të mprehtë, kruani farat dhe të brendshmet.

c) Grini vezët me Aioli (ose majonezë, nëse përdorni), kripë, piper dhe majdanoz në një tas për përzierje.

d) Mbushni domatet me mbushjen duke i shtypur fort. Zëvendësoni kapakët në një kënd të këndshëm në domatet e vogla.

e) Mbushni domatet deri në majë, duke i shtypur fort derisa të rrafshohen. Lëreni në frigorifer për 1 orë përpara se ta prisni në unaza duke përdorur një thikë të mprehtë gdhendjeje.

f) Dekoroni me majdanoz.

3. Skuqe me merluc me kripë me Aioli

Shërben 6

Përbërësit :

- 1 lb kripë merluci , i njomur
- 3 1/2 oz bukë të thatë të bardhë
- 1/4 lb patate me miell
- Vaj ulliri, për skuqje të cekët
- 1/4 filxhan qumësht
- Copa limoni dhe gjethe sallate, për t'u shërbyer
- 6 qepë të grira hollë
- Aioli

Udhëzime :

a) Në një tigan me ujë të vluar pak të kripur, gatuajini patatet, të paqëruara, për rreth 20 minuta ose derisa të zbuten. Kullojeni.

b) Qëroni patatet sapo të jenë mjaft të ftohta për t'i trajtuar, më pas grijini me një pirun ose një grirëse patate.

c) Në një tenxhere, bashkoni qumështin, gjysmën e qepëve dhe lërini të ziejnë. Shtoni merlucin e njomjes dhe ziejini për 10-15 minuta, ose derisa të skuqet lehtë. Hiqeni merlucin nga tigani dhe qiteni në një tas me pirun, duke hequr kockat dhe lëkurën.

d) Hidhni në të 4 lugë pure patate me merlucin dhe përzieni me një lugë druri.

e) Punojeni në vaj ulliri, më pas shtoni gradualisht purenë e mbetur të patateve. Kombinoni qepët e mbetura dhe majdanozin në një tas.

f) Për shije, sezoni me lëng limoni dhe piper.

g) Në një tas të veçantë, rrihni një vezë derisa të përzihet mirë, më pas ftoheni derisa të ngurtësohet.

h) Rrotulloni përzierjen e peshkut të ftohtë në 12-18 topa, më pas rrafshoni butësisht në ëmbëlsira të vogla të rrumbullakëta.

i) Secila duhet të hidhet në miell fillimisht, pastaj të zhytet në vezën e rrahur të mbetur dhe të përfundojë me bukë të thatë.

j) Lëreni në frigorifer derisa të jeni gati për të skuqur.

k) Në një tigan të madh dhe të rëndë, ngrohni vajin rreth 3/4 inç. Gatuani skuqjet për rreth 4 minuta mbi nxehtësinë mesatare në të lartë.

l) I kthejmë nga ana tjetër dhe i gatuajmë për 4 minuta të tjera, ose derisa të bëhen të freskëta dhe të arta nga ana tjetër.

m) Kullojeni në peshqir letre përpara se ta shërbeni me Aioli, copa limoni dhe gjethe sallate.

4. Kroketa me karkaleca deti

Bën rreth 36 njësi

Përbërësit :

- 3 1/2 oz gjalpë
- 4 oz miell i thjeshtë
- 1 1/4 linte qumësht të ftohtë
- Kripë dhe piper
- 14 oz karkaleca deti të qëruara të gatuara, të prera në kubikë
- 2 lugë çaji pure domate
- 5 ose 6 lugë bukë të imët
- 2 vezë të mëdha, të rrahura
- Vaj ulliri për tiganisje të thellë

Drejtimet :

a) Në një tenxhere mesatare shkrini gjalpin dhe shtoni miellin duke e përzier vazhdimisht.

b) Hidhni ngadalë qumështin e ftohur, duke e përzier vazhdimisht, derisa të keni një salcë të trashë dhe të lëmuar.

c) Shtoni karkalecat, rregulloni bujarisht me kripë dhe piper, më pas shtoni pastën e domates. Gatuani edhe për 7 deri në 8 minuta të tjera.

d) Merrni një lugë gjelle të pakët me **përbërësit** dhe rrotullojeni në një croquets cilindër 1 1/2 - 2 inç.

e) Kroket rrotullohen në thërrime buke, më pas në vezën e rrahur dhe së fundi në thërrimet e bukës.

f) Në një tigan të madh me fund të rëndë, ngrohni vajin për skuqje të thellë derisa të arrijë 350°F ose një kub bukë të marrë ngjyrë kafe të artë në 20-30 sekonda.

g) Skuqini për rreth 5 minuta në tufa jo më shumë se 3 ose 4 deri në kafe të artë.

h) Me një lugë të prerë, hiqni pulën, kullojeni në letër kuzhine dhe shërbejeni menjëherë.

5. C patate të skuqura me erëza

Shërben: 4

Përbërësit :

- 3 lugë vaj ulliri
- 4 patate Russet, të qëruara dhe krevat cu
- 2 lugë qepë të grirë
- 2 thelpinj hudhre, te grira
- Kripë dhe piper i zi i sapo bluar
- 1 1/2 lugë paprika spanjolle
- 1/4 lugë çaji salcë Tabasco
- 1/4 lugë çaji trumzë e bluar
- 1/2 filxhan ketchup
- 1/2 filxhan majonezë
- Majdanoz i grirë, për zbukurim
- 1 filxhan vaj ulliri, për tiganisje

Udhëzime :

Salca brava:

a) Ngrohni 3 lugë gjelle vaj ulliri në një tenxhere mbi nxehtësinë mesatare.

Kaurdisni qepën dhe hudhrën derisa qepa të zbutet.

b) Hiqeni tiganin nga zjarri dhe hidhni paprikën, salcën Tabasco dhe trumzën.

c) Në një tas, kombinoni ketchup-in dhe majonezën.

d) Për shije, rregulloni me kripë dhe piper. Hiqeni nga ekuacioni.

Patatet:

e) I rregullojmë lehtë patatet me kripë dhe piper të zi.

f) Skuqini patatet në 1 filxhan (8 fl. oz.) vaj ulliri në një tigan të madh derisa të marrin ngjyrë kafe të artë dhe të gatuhen, duke i hedhur herë pas here.

g) Kullojini patatet në peshqir letre, shijoni ato dhe nëse është e nevojshme, i rregulloni me kripë shtesë.

h) Për t'i mbajtur patatet të freskëta, kombinoni ato me salcën menjëherë përpara se t'i shërbeni.

i) Shërbejeni të ngrohtë, të zbukuruar me majdanoz të grirë.

6. S kraçakë gambas

Shërben 6

Përbërësit :

- 1/2 filxhan vaj ulliri
- Lëng nga 1 limon
- 2 lugë çaji kripë deti
- 24 karkaleca të mesme të mëdha , në guaskë me kokë të paprekur

Drejtimet :

a) Në një tas përzieni, bashkoni vajin e ullirit, lëngun e limonit dhe kripën dhe përzieni derisa të kombinohen plotësisht. Për të lyer lehtë karkalecat, zhyteni në përzierje për disa sekonda.

b) Në një tigan të thatë, ngrohni vajin në nxehtësi të lartë. Duke punuar në tufa, shtoni karkaleca në një shtresë të vetme pa e mbushur tiganin kur është shumë i nxehtë. 1 minutë zierje

c) Ulni nxehtësinë në mesatare dhe gatuajeni për një minutë shtesë. Rriteni nxehtësinë në të lartë dhe skuqni karkalecat për 2 minuta të tjera, ose derisa të marrin ngjyrë të artë.

d) Mbani karkaleca të ngrohta në një furrë të ulët në një pjatë kundër furrës.

e) Gatuani karkalecat e mbetura në të njëjtën mënyrë.

7. Vinegrette me midhje

Shërbimet: Bën 30 tapas

Përbërësit :

- 2 1/2 duzinë midhje, të pastruara dhe mjekra të hequra Marule e grirë
- 2 lugë qepë jeshile të grirë
- 2 lugë piper jeshil i grirë
- 2 lugë piper të kuq të grirë
- 1 lugë majdanoz të grirë
- 4 lugë vaj ulliri
- 2 lugë uthull ose lëng limoni
- Hidh salcë me piper të kuq
- Kripë për shije

Udhëzime :

a) Ziejini midhjet me avull.

b) I vendosim në një tenxhere të madhe me ujë. Mbulojeni dhe ziejini në zjarr të fortë, duke e trazuar herë pas here tiganin, derisa lëvozhgat të hapen. Hiqni midhjet nga zjarri dhe hidhni ato që nuk hapen.

c) Midhjet mund të ngrohen edhe në mikrovalë për t'i hapur ato. I lani në mikrovalë për një minutë me fuqinë maksimale në një tas të sigurt për mikrovalë, pjesërisht të mbuluar.

d) E vendosim në mikrovalë edhe për një minutë pasi e përziejmë. Hiqni midhjet që janë hapur dhe ziejini për një minutë në mikrovalë. Hiqini edhe një herë ato që janë hapur.

e) Hiqni dhe hidhni lëvozhgat e zbrazëta pasi të jenë mjaft të ftohta për t'u trajtuar.

f) Në një tabaka për servirje, vendosni midhjet në një shtrat me marule të grira pak përpara se t'i shërbeni.

g) Bashkoni qepën, specat jeshil dhe të kuq, majdanozin, vajin dhe uthullën në një enë për përzierje.

h) Salcë me kripë dhe piper të kuq për shije. Mbushni lëvozhgat e midhjeve me masën përgjysmë.

8. Specat e mbushur me oriz

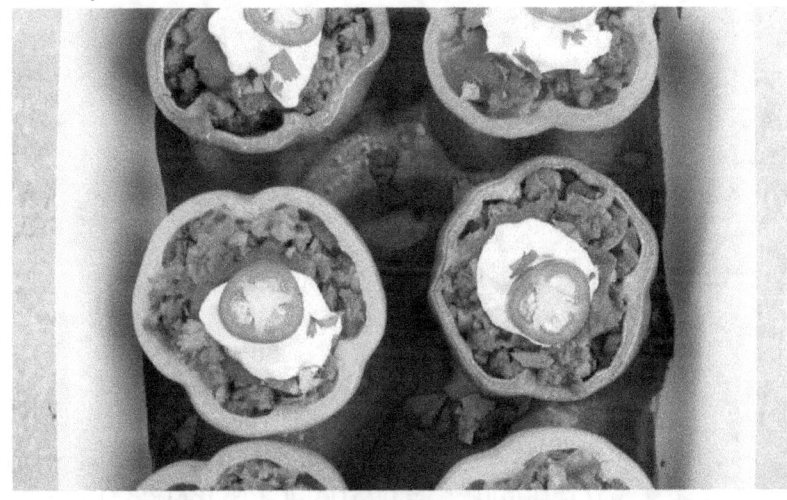

Serbimet: 4

Përbërësit :

- 1 lb 2 oz oriz spanjoll kokërr të shkurtër, si Bomba ose Calasparra
- 2-3 lugë vaj ulliri
- 4 speca të kuq të mëdhenj
- 1 piper i kuq i vogël, i grirë
- 1/2 qepë, e copëtuar
- 1/2 domate, e pastruar me lëkurë dhe e prerë
- 5 oz mish derri të grirë/copëtuar ose 3 oz kripë merluci
- Shafrani
- Majdanoz i freskët i grirë
- Kripë

Udhëzime :

a) Fërkoni membranat e brendshme me një lugë çaji pasi të keni prerë skajet e kërcellit të specave dhe t'i ruani si kapak për t'i rifutur më vonë.

b) Ngroheni vajin dhe kaurdisni butësisht specin e kuq derisa të jetë i butë.

c) Skuqni qepën derisa të zbutet, më pas shtoni mishin dhe skuqeni lehtë, duke shtuar domaten pas disa minutash, më pas shtoni specin e zier, orizin e papërpunuar, shafranin dhe majdanozin. I rregullojmë me kripë për shije.

d) Mbushim me kujdes specat dhe i vendosim anash në një enë kundër furrës duke pasur kujdes që të mos derdhet mbushja.

e) Gatuani gjellën në furrë të nxehtë për rreth 1 1/2 orë të mbuluar.

f) Orizi gatuhet në lëngjet e domates dhe piperit.

9. Kalamari me rozmarinë dhe vaj djegës

Serbimet: 4

Përbërësit :

- Vaj ulliri ekstra i virgjer
- 1 tufë rozmarinë të freskët
- 2 speca djegës të plotë të kuq, të pastruara dhe të grira hollë 150 ml krem të vetëm
- 3 te verdha veze
- 2 lugë djathë parmixhano të grirë
- 2 lugë miell i thjeshtë
- Kripë dhe piper i zi i freskët i bluar
- 1 thelpi hudhër, të qëruar dhe të shtypur
- 1 lugë çaji rigon të thatë
- Vaj vegjetal për tiganisje të thellë
- 6 Kallamar, të pastruar dhe të prerë në unaza
- Kripë

Udhëzime :

a) Për të bërë salcë, ngrohni vajin e ullirit në një tenxhere të vogël dhe përzieni rozmarinë dhe djegësin. Hiqeni nga ekuacioni.

b) Në një tas të madh përziejini së bashku kremin, të verdhat e vezëve, djathin parmixhano, miellin, hudhrën dhe rigonin. Përziejini derisa masa të jetë e qetë. I rregullojmë me piper të zi, të sapo bluar.

c) Ngrohni vajin në 200°C për tiganisje të thellë, ose derisa një kub bukë të skuqet në 30 sekonda.

d) Zhytini unazat e kallamarëve, një nga një, në brumë dhe vendosini me kujdes në vaj. Gatuani deri në kafe të artë, rreth 2-3 minuta.

e) I kullojme ne leter kuzhine dhe e sherbejme menjehere me salcen e derdhur siper. Nëse është e nevojshme, rregulloni me kripë.

10. Sallatë Tortellini

Serbimet: 8

Përbërësit :

- 1 pako tortelini djathi me tre ngjyra
- ½ filxhan piperoni të prerë në kubikë
- ¼ filxhan qepë të prera në feta
- 1 spec jeshil i prerë në kubikë
- 1 filxhan domate qershi të përgjysmuara
- 1¼ filxhani ullinj kalamata të prera në feta
- ¾ filxhan zemrat e grira të marinuara të angjinares 6 oz. djathë mocarela e prerë në kubikë 1/3 filxhani salcë italiane

Udhëzime :

a) Gatuani tortelinat sipas **udhëzimeve të paketimit** dhe më pas kullojini.

b) Hidhni tortelinët me **përbërësit e mbetur** , duke përjashtuar salcën, në një tas të madh përzierjeje.

c) Hidhni salcën sipër.

d) Lëreni mënjanë për 2 orë që të ftohet.

11. Sallatë me makarona Caprese

Serbimet: 8

Përbërësit :

- 2 gota makarona pene të gatuara
- 1 filxhan pesto
- 2 domate të grira
- 1 filxhan djathë mocarela të prerë në kubikë
- Kripë dhe piper për shije
- 1/8 lugë çaji rigon
- 2 lugë çaji uthull vere të kuqe

Drejtimet :

a) Gatuani makaronat sipas **udhëzimeve të paketimit** , e cila duhet të zgjasë rreth 12 minuta. Kullojeni.

b) Në një tas të madh përzierjeje, bashkoni makaronat, peston, domatet dhe djathin; rregulloni me kripë, piper dhe rigon.

c) Sipër hidhni uthull të verës së kuqe.

d) Lëreni mënjanë për 1 orë në frigorifer.

12. Brusketa balsamike

Serbimet: 8

Përbërësit :

- 1 filxhan domate rome të pastruara dhe të prera në kubikë
- ¼ filxhan borzilok të grirë
- ½ filxhan djathë pecorino i grirë
- 1 thelpi hudhër të grirë
- 1 luge uthull balsamike
- 1 lugë çaji vaj ulliri
- Kripë dhe piper për shije – kujdes, pasi djathi është disi i kripur më vete.
- 1 copë bukë franceze
- 3 lugë vaj ulliri
- ¼ lugë çaji pluhur hudhër
- ¼ lugë çaji borzilok

Udhëzime :

a) Në një pjatë për përzierje, bashkoni domatet, borzilokun, djathin pecorino dhe hudhrën.

b) Në një tas të vogël përzierjeje, përzieni uthullën dhe 1 lugë gjelle vaj ulliri; vendos mënjanë. c) I spërkasim fetat e bukës me vaj ulliri, hudhër pluhur dhe borzilok.

c) Vendoseni në një tavë pjekjeje dhe skuqeni për 5 minuta në 350 gradë.

d) Nxirreni nga furra. Më pas shtoni sipër përzierjen e domates dhe djathit.

e) Nëse është e nevojshme, rregulloni me kripë dhe piper.

f) Shërbejeni menjëherë.

13. Topa picash

Serbimet: 10

Përbërësit :

- 1 paund sallam i grirë
- 2 gota përzierje Bisquick
- 1 qepë e grirë
- 3 thelpinj hudhre te grira
- $\frac{3}{4}$ lugë çaji erëza italiane
- 2 gota djathë mocarela e grirë
- 1 $\frac{1}{2}$ filxhan salcë pice - e ndarë
- $\frac{1}{4}$ filxhan djathë parmixhano

Udhëzime :

a) Ngroheni furrën në 400 gradë Fahrenheit.

b) Përgatitni një fletë pjekjeje duke e spërkatur me llak gatimi që nuk ngjit.

c) Përziejini së bashku salsiçen, përzierjen Bisquick, qepën, hudhrën, erëzat italiane, djathin mocarela dhe 12 filxhanë salcë pice në një tas.

d) Pas kësaj, shtoni ujë të mjaftueshëm për ta bërë të punueshme.

e) Rrokullisni brumin në topa 1 inç.

f) Hidhni djathin parmixhano mbi topat e picës.

g) Pas kësaj, vendosni topthat në fletën e pjekjes që keni përgatitur.

h) Ngroheni furrën në 350°F dhe piqni për 20 minuta.

i) Shërbejeni me salcën e mbetur të picës anash për zhytje.

14. Kafshimet e gocës dhe proshutës

Serbimet: 8

Përbërësit :

- ½ filxhan proshuto të prera hollë
- 3 lugë krem djathi
- 1 paund fiston
- 3 lugë vaj ulliri
- 3 thelpinj hudhre te grira
- 3 lugë djathë parmixhano
- Kripë dhe piper për shije – kujdes, pasi proshuta do të jetë e kripur

Udhëzime :

a) Aplikoni një shtresë të vogël krem djathi në secilën fetë proshuto.

b) Më pas, mbështillni një fetë proshuto rreth secilit fiston dhe sigurojeni me një kruese dhëmbësh.

c) Në një tigan ngrohni vajin e ullirit.

d) Gatuani hudhrën për 2 minuta në një tigan.

e) Shtoni fiston të mbështjellë në letër dhe ziejini për 2 minuta nga secila anë.

f) Sipër lyeni djathin parmixhano.

g) Shtoni kripë dhe piper sipas dëshirës.

h) Shtrydheni lëngun e tepërt me një peshqir letre.

15. Patëllxhanë me mjaltë

Serbimet : 2

Përbërësit :

- 3 lugë mjaltë
- 3 patëllxhanë
- 2 gota qumësht
- 1 lugë gjelle kripë
- 1 lugë gjelle piper
- 100 g miell
- 4 lugë vaj ulliri

Udhëzime :

a) Pritini në feta hollë patëllxhanin.

b) Ne nje ene perzierje bashkojme patellxhanet. Hidhni qumësht në legen për të mbuluar plotësisht patëllxhanët. Sezoni me një majë kripë.

c) Lëreni të paktën një orë të njomet.

d) Nxjerrim patëllxhanët nga qumështi dhe i lëmë mënjanë. Duke përdorur miell, lyeni çdo fetë. Lyejeni me një përzierje kripë-piper.

e) Në një tigan ngrohni vajin e ullirit. Skuqini thellë fetat e patëllxhanit në 180 gradë C.

f) Vendosni patëllxhanët e skuqur në peshqir letre që të thithin vajin e tepërt.

g) Lyejini patëllxhanët me mjaltë.

h) Shërbejeni.

16. Suxhuk i gatuar në musht

Serbimet : 3

Përbërësit :

- 2 gota musht molle
- 8 salsiçe chorizo
- 1 luge vaj ulliri

Udhëzime :

a) Pritini chorizo-n në feta të holla.

b) Në një tigan ngrohni vajin. Ngroheni furrën në mesatare.

c) Hidheni në chorizo. Skuqini derisa të ndryshojë ngjyra e ushqimit.

d) Hidhni mushtin. Gatuani për 10 minuta, ose derisa salca të jetë trashur disi.

e) Me këtë pjatë duhet të shërbehet buka.

f) Shijoje!!!

17. Kafshimet e pastë pule italiane

Shërbimet : 8 tufa

Përbërës

- 1 kanaçe Roleta gjysmëhënës (8 rrotulla)
- 1 filxhan Pulë e copëtuar, e gatuar
- 1 lugë gjelle Salcë spageti
- ½ lugë çaji Hudhra e grirë
- 1 lugë gjelle Djathë mocarela

Udhëzime :

a) Ngroheni furrën në 350 gradë Fahrenheit. Kombinoni pulën, salcën dhe hudhrën në një tigan dhe gatuajeni derisa të nxehet.

b) Trekëndësha të bëra nga rrotulla të veçanta gjysmëhënës. Shpërndani përzierjen e pulës në qendër të çdo trekëndëshi.

c) Nëse dëshironi, shpërndani djathin në një mënyrë të ngjashme.

d) Mblidhni anët e rrotullës së bashku dhe mbështilleni rreth pulës.

e) Në një gur pjekjeje, piqni për 15 minuta, ose derisa të marrin ngjyrë të artë.

18. Qebap viçi spanjoll

Sercionet : 4 racione

Përbërës

- ½ filxhan lëng portokalli
- ¼ filxhan Lëng domate
- 2 lugë çaji Vaj ulliri
- 1½ lugë çaji Lëng limoni
- 1 lugë çaji Ose e gano, e tharë
- ½ lugë çaji Paprika
- ½ lugë çaji Qimnon, bluar
- ¼ lugë çaji Kripë
- ¼ lugë çaji Piper, i zi
- 10 ons Mish viçi pa dhjamë; prerë në kube 2".
- 1 e mesme Qepë e kuqe; prerë në 8 feta
- 8 secili Domate qershi

Udhëzime :

a) Për të bërë marinadën, kombinoni lëngun e portokallit dhe domateve, vajin, lëngun e limonit, rigonin, paprikën, qimnonin, kripën dhe piperin në një qese plastike të mbyllur me madhësi gallon.

b) Shtoni kubet e mishit; mbyllni çantën, duke shtypur ajrin; tjerr për të mbuluar viçin.

c) Lëreni në frigorifer për të paktën 2 orë ose gjatë natës, duke e hedhur qesen herë pas here. Duke përdorur llak gatimi që nuk ngjit, lyejeni raftin e skarës.

d) Vendoseni raftin e skarës 5 inç larg qymyrit. Ndiqni udhëzimet e prodhuesit për pjekjen në skarë.

e) Kullojeni biftekun dhe lëreni mënjanë marinadën.

f) Duke përdorur 4 hell metali ose të njomur prej bambuje, fijet në sasi të barabarta viçi, qepë dhe domate.

g) Piqini qebapët në skarë për 15-20 minuta, ose derisa të bëhen sipas dëshirës tuaj, duke i rrotulluar dhe duke i larë shpesh me marinadë të rezervuar.

19. Përzierje krokante e kokoshkave italiane

Servings : 10 Servings

Përbërës

- 10 gota Kokoshka të skuqura; 3,5 oz, qese me mikrovalë është kjo
- 3 gota Snacks misri në formë bugle
- ¼ filxhan Margarinë ose gjalpë
- 1 lugë çaji Erëza italiane
- ½ lugë çaji Hudhra pluhur
- ⅓ filxhan Djathë parmixhano

Udhëzime :

a) Në një tas të madh në mikrovalë, kombinoni kokoshka dhe meze të lehtë misri. Në një filxhan mikro-safe, kombinoni **përbërësit e mbetur** , përveç djathit.

b) Vendoseni në mikrovalë për 1 minutë në LARTË, ose derisa margarina të shkrijë; përziej. Sipër hidhni përzierjen e kokoshkave.

c) Hidheni derisa gjithçka të jetë e veshur në mënyrë të barabartë. Vendoseni në mikrovalë, pa mbuluar, për 2-4 minuta, derisa të skuqet, duke e përzier çdo minutë. Sipër duhet spërkatur djathi parmixhano.

d) Shërbejeni të nxehtë.

20. Topa Arancini

Bën 18

Përbërësit

- 2 luge vaj ulliri
- 15 g gjalpë pa kripë
- 1 qepë, e grirë hollë
- 1 thelpi hudhër e madhe, e shtypur
- 350 gr oriz rizoto
- 150 ml verë e bardhë e thatë
- 1.2 l lëng pule ose perimesh të nxehtë
- 150 gr parmixhan i grirë hollë
- 1 limon, të grirë hollë
- 150 gr topth mocarela, të prerë në 18 copa të vogla
- vaj vegjetal, për tiganisje të thellë

Për veshjen

- 150 gr miell i thjeshtë
- 3 vezë të mëdha, të rrahura lehtë
- 150 gr bukë të tharë të imët

Udhëzime :

a) Në një tenxhere ngrohim vajin dhe gjalpin derisa të bëhen shkumë. Shtoni qepën dhe pak kripë dhe ziejini për 15 minuta, ose derisa të zbuten dhe të jenë të tejdukshme, në zjarr të ulët.

b) Ziejini edhe për një minutë pasi të keni shtuar hudhrën.

c) Shtoni orizin dhe ziejini edhe një minutë përpara se të shtoni verën. Lëngun e lini të vlojë dhe gatuajeni derisa të zvogëlohet përgjysmë.

d) Hidhni gjysmën e lëngut dhe vazhdoni të përzieni derisa të përthithet pjesa më e madhe e lëngut.

e) Ndërsa orizi thith lëngun, shtoni lëngun e mbetur nga një lugë, duke e përzier vazhdimisht, derisa orizi të gatuhet.

f) Shtoni parmixhanin dhe lëkuren e limonit dhe i rregulloni me kripë dhe piper sipas shijes. Vendoseni rizoton në një tepsi me buzë dhe lëreni mënjanë të ftohet në temperaturën e dhomës.

g) Ndani rizoton e ftohur në 18 pjesë të barabarta, secila me madhësinë e një topi golfi.

h) Në pëllëmbën tuaj, rrafshoni një top rizoto dhe vendosni një copë mocarela në qendër, më pas mbështillni djathin në oriz dhe formoni atë në një top.

i) Vazhdoni me topat e mbetur të rizotos në të njëjtën mënyrë.

j) Në tre pjata të cekëta, bashkoni miellin, vezët dhe thërrimet e bukës. Çdo top rizoto duhet së pari të lyhet me miell, më pas të zhytet në vezë dhe në fund në thërrimet e bukës. Vendoseni në një pjatë dhe lëreni.

k) Mbushni një tenxhere të madhe me fund të rëndë përgjysmë me vaj vegjetal dhe ngroheni në zjarr mesatar-të ulët derisa termometri gatimi të lexojë 170°C ose një copë bukë të marrë ngjyrë kafe të artë në 45 sekonda.

l) Në tufa, ulni topat e rizotos në vaj dhe skuqini për 8-10 minuta, ose derisa të marrin ngjyrë kafe të artë dhe të shkrihen në qendër.

m) Vendoseni në një tepsi të veshur me një peshqir të pastër kuzhine dhe lëreni mënjanë.

n) I servirim arancinet të ngrohta ose me një salcë domate të thjeshtë për t'i zhytur.

21. Mançego me konservë portokalli

Përbërësit

Bën rreth 4 gota

- 1 kokë hudhër
- 1 1/2 filxhan vaj ulliri, plus më shumë për spërkatje
- Kripë Kosher
- 1 Sevilje ose portokalli kërthizë
- 1/4 filxhan sheqer
- 1 kile djathë i ri Manchego, i prerë në copa 3/4 inç
- 1 lugë rozmarinë e grirë hollë
- 1 lugë trumzë e grirë hollë
- Baguette e thekur

Drejtimet :

a) Ngroheni furrën në 350 gradë Fahrenheit. një çerek inç "Hiqni pjesën e sipërme të llambës së hudhrës dhe vendoseni në një copë fletë metalike. Rregullojeni me kripë dhe spërkatni me vaj.

b) Mbështilleni mirë në letër dhe piqini për 35-40 minuta, ose derisa lëkura të marrë ngjyrë kafe të artë dhe karafili të jetë i butë. Lëreni të ftohet. Shtrydhni karafilat në një legen të madh përzierjeje.

c) Në të njëjtën kohë, pritni 1/4 "Hiqni pjesën e sipërme dhe të poshtme të portokallit dhe në katër katërta për së gjati. Hiqni mishin nga çdo e katërta e lëvozhgës në një pjesë, duke përjashtuar thelbin e bardhë (duke përjashtuar lëvozhgat).

d) Lini mënjanë lëngun e shtrydhur nga mishi në një legen të vogël.

e) Pritini lëvozhgën në copa çerek inç dhe vendoseni në një tenxhere të vogël me ujë të ftohtë të mjaftueshëm sa të mbulohet me një inç. Lëreni të vlojë, pastaj kullojeni; bëjeni këtë edhe dy herë për të hequr qafe hidhërimin.

f) Në një tenxhere bashkoni lëvozhgat e portokallit, sheqerin, lëngun e rezervuar të portokallit dhe 1/2 filxhan ujë.

g) Lëreni të vlojë; zvogëloni nxehtësinë në minimum dhe ziejini, duke e përzier rregullisht, për 20-30 minuta ose derisa lëvozhga të zbutet dhe lëngu të bëhet shurup. Lërini konservat e portokallit të ftohen.

h) Hidhni së bashku konservat e portokallit, Mançegon, rozmarinën, trumzën dhe 1 1/2 filxhan vaj të mbetur në tasin me hudhrat. Lëreni në frigorifer për të paktën 12 orë pas mbulimit.

i) Përpara se ta shërbeni me bukë të thekur, sillni Mançegon e marinuar në temperaturën e dhomës.

22. Nachos italian

Serbimet: 1

Përbërësit

Salca Alfredo

- 1 filxhan gjysem e gjysem
- 1 filxhan krem i rëndë
- 2 lugë gjalpë pa kripë
- 2 thelpinj hudhra te grira
- 1/2 filxhan parmezan
- Kripë dhe piper
- 2 luge miell

Nachos

- Mbështjellës Wonton të prera në trekëndësha
- 1 pulë e gatuar dhe e grirë
- Speca të skuqura
- Djathë Mocarela
- Ullinj
- Majdanoz i grirë
- Djathë parmixhan

- Vaj për tiganisje kikiriku ose canola

Udhëzime :

a) Shtoni gjalpin pa kripë në një tenxhere dhe shkrijeni në zjarr mesatar.

b) Hidhni hudhrën derisa të shkrihet i gjithë gjalpi.

c) Shtoni miellin shpejt dhe përzieni vazhdimisht derisa të grumbullohet dhe të marrë ngjyrë të artë.

d) Në një tas përziejeni kremin e trashë dhe gjysmë e gjysmë.

e) Lëreni të vlojë, më pas uleni në zjarr të ulët dhe gatuajeni për 8-10 minuta, ose derisa të trashet.

f) I rregullojmë me kripë dhe piper.

g) Wontons: Ngrohni vajin në një tigan të madh mbi nxehtësinë mesatare të lartë, rreth 1/3 e rrugës lart.

h) Shtoni wontons një nga një dhe ngrohni derisa të marrin ngjyrë të artë në fund, pastaj kthejeni dhe gatuajeni anën tjetër.

i) Vendosni një peshqir letre mbi kullimin.

j) Ngrohni furrën në 350°F dhe vendosni një fletë pjekjeje me letër pergamene, pasuar nga wontons.

k) Sipër shtoni salcën Alfredo, pulën, specat dhe djathin mocarela.

l) Vendoseni nën broilerin në furrën tuaj për 5-8 minuta, ose derisa djathi të shkrihet plotësisht.

m) E nxjerrim nga furra dhe i hedhim sipër ullinj, parmixhan dhe majdanoz.

23. Pintxo pule

Serbimet 8

Përbërësit

- 1,8 paund kofshë pule pa lëkurë dhe pa kocka të prera në copa 1 inç
- 1 lugë gjelle paprika e tymosur spanjolle
- 1 lugë çaji rigon të tharë
- 2 lugë çaji qimnon të bluar
- 3/4 lugë çaji kripë deti
- 3 thelpinj hudhra te grira
- 3 lugë majdanoz të grirë
- 1/4 filxhan vaj ulliri ekstra të virgjër
- Salcë e kuqe Chimichurri

Udhëzime :

a) Në një legen të madh përzierjeje, bashkoni të gjithë përbërësit dhe hidhini tërësisht që të lyhen copat e pulës. Lëreni të marinohet gjatë natës në frigorifer.

b) Thithni hellet e bambusë për 30 minuta në ujë. Duke përdorur skewers, hell copa pule.

c) Piqeni në skarë për 8-10 minuta, ose derisa të jetë bërë plotësisht.

24. Mbështjellëse italiane të viçit

SHERBIMET 4

Përbërësit

- 1 lugë çaji vaj ulliri
- 1/2 filxhan Piper zile jeshile, i prerë në rripa
- 1/2 filxhan qepë, të prerë në rripa
- 1/2 peperoncini, të prera hollë
- 1/2 lugë çaji erëza italiane
- 8 feta Deli mish viçi italian, 1/8" të trasha
- 8 shkopinj djathi me fije

Drejtimet

a) Në një tigan të mesëm, ngrohni vajin mbi nxehtësinë mesatare. Kombinoni vajin e ullirit dhe katër përbërësit e mëposhtëm në një tas. Gatuani për 3-4 minuta, ose derisa të zbuten.

b) Vendoseni përzierjen në një pjatë dhe lëreni mënjanë për 15 minuta që të ftohet.

c) Si ta bashkoni: Në një dërrasë prerëse, vendosni katër feta viçi italiane. Vendosni 1 fije shkop djathi në qendër të secilës pjesë të mishit, në mënyrë tërthore.

d) Sipër shtoni një pjesë të përzierjes së specit dhe qepës. Palosni njërën anë të fetës së viçit mbi përzierjen e djathit dhe perimeve, më pas mbështilleni, me anën e qepjes poshtë.

e) Mblidhni rrotullat në një pjatë për servirje.

25. Përmbledhje me speca italiane

Shërbim 35

Përbërësit

- 5 tortilla me miell 10" (domate të thara në diell ose miell të bardhë me spinaq)
- 16 oce krem djathi i zbutur
- 2 lugë çaji hudhër të grirë
- 1/2 filxhan salcë kosi
- 1/2 filxhan djathë parmixhano
- 1/2 filxhan djathë italian të grirë ose djathë mocarela
- 2 lugë çaji erëza italiane
- 16 ounces feta piperoni
- 3/4 filxhan speca të verdhë dhe portokalli të grirë hollë
- 1/2 filxhan kërpudha të freskëta të grira hollë

Udhëzime :

a) Në një legen për përzierje rrihni kremin e djathit derisa të jetë homogjen. Kombinoni hudhrën, kosin, djathrat dhe erëzat italiane në një tas. Përziejini derisa gjithçka të përzihet mirë.

b) Përhapeni masën në mënyrë të barabartë midis 5 tortillave me miell. Mbuloni të gjithë tortillan me përzierjen e djathit.

c) Mbi përzierjen e djathit vendosni një shtresë speci.

d) Mbivendosim peperonët me specat dhe kërpudhat e prera në feta të trashë.

e) Rrotulloni fort çdo tortilla dhe mbështilleni me mbështjellës plastik.

f) Lëreni mënjanë për të paktën 2 orë në frigorifer.

KURSI KRYESOR MESITERAN

26. Oriz italian spanjoll

Serbimet : 6

Përbërësit :

- 1- 28 ons kanaçe me domate italiane të prera në kubikë ose të grimcuar
- 3 filxhanë me çdo lloj oriz të bardhë me kokërr të gjatë të zier në avull të gatuar në paketim
- 3 lugë kanola ose vaj vegjetal
- 1 spec zile të prerë në feta dhe të pastruara
- 2 thelpinj hudhër të freskët të grirë
- 1/2 filxhan verë të kuqe ose perime ose lëng mishi
- 2 lugë majdanoz të freskët të grirë
- 1/2 lugë çaji rigon të thatë dhe borzilok të thatë
- kripë, piper, kajen për shije
- Garnitura: Parmixhan i grirë dhe djathë i përzier Romano
- Gjithashtu, mund të shtoni çdo mbetje të gatuar pa kocka: biftek të prerë në kubikë, bërxolla derri të prera në kubikë,

pulë të prerë në kubikë ose të provoni të përdorni qofte të grimcuar ose sallam italian të gatuar në feta.

- Perime opsionale: kungull i njomë në kubikë, kërpudha të prera në feta, karrota të rruara, bizele ose çdo lloj perimesh që preferoni.

Udhëzime :

a) Shtoni vaj ulliri, specat dhe hudhrën në një tigan të madh dhe ziejini për 1 minutë.

b) në tigan domatet e prera ose të grimcuara, verën dhe përbërësit e mbetur.

c) Ziejini për 35 minuta, ose më gjatë nëse shtoni më shumë perime.

d) Nëse e përdorni, shtoni ndonjë mish të përgatitur dhe ngroheni në salcë për rreth 5 minuta përpara se të palosni orizin e bardhë të gatuar.

e) Gjithashtu, nëse përdoret, mishi tashmë është gatuar dhe duhet vetëm të ngrohet në salcë.

f) Për ta shërbyer, hidhni salcën në një pjatë me orizin e përzier dhe sipër me djathë të grirë dhe majdanoz të freskët.

27. Italian Twist Paella

Shërben: 4

Përbërësit

- 2 këmbë pule, me lëkurë, të skuqura
- 2 kofshët e pulës, me lëkurë, të skuqura
- 3 copa të mëdha sallamesh italiane, të skuqura dhe më pas të prera në copa 1 inç
- 1 spec të kuq dhe të verdhë, të prerë në rripa dhe të pjekur paraprakisht
- 1 tufë brokolina bebe, të ziera paraprakisht
- 1½ filxhan oriz, një kokërr të shkurtër si karnaroli ose arborio
- 4 gota lëng pule, të ngrohur
- 1 filxhan pure me spec të kuq të pjekur
- ¼ filxhan verë të bardhë të thatë
- 1 qepë mesatare, e prerë në kubikë të mëdhenj
- 4 thelpinj të mëdhenj hudhër, të rruara
- djathë parmixhano i grirë ose romano
- vaj ulliri

Udhëzime :

a) Filloni duke skuqur copat tuaja të pulës në një tigan paella, duke marrë një kore të mirë nga të dyja anët dhe pothuajse duke i gatuar, por jo plotësisht, më pas lërini mënjanë.

b) Fshini çdo vaj shtesë nga tigani, më pas fshijeni vajin e tepërt nga lidhjet e sallamit.

c) Në një tigan të madh, hidhni vaj ulliri, më pas shtoni hudhrën dhe qepën tuaj të rruar dhe skuqini derisa të zbuten dhe të marrin ngjyrë të artë.

d) Shtoni verën dhe lëreni të ziejë për një minutë.

e) Kombinoni të gjithë orizin me gjysmën e puresë me spec të kuq, ose pak më shumë. Hidheni derisa të mbulohet në mënyrë të barabartë, më pas shtypni përzierjen e orizit në fund të tiganit.

f) Shtoni pak djathë të grirë, kripë dhe piper në oriz.

g) Rradhisim copat e sallamit, së bashku me copat e pulës, rreth tepsisë.

h) Rregulloni perimet e mbetura rreth mishit në një mënyrë krijuese.

i) Hidhni sipër me kujdes të 4 gotat me lëng të ngrohtë.

j) Duke përdorur një furçë pastiçerie, lyeni sipër pulës me pure me piper të kuq shtesë për më shumë shije, duke njollosur pak më shumë rreth e rrotull nëse dëshironi.

k) Gatuani në zjarr të ulët, të mbuluar lirshëm me petë, derisa lagështia të ketë avulluar.

l) Ngroheni furrën në 375°F dhe piqni tavën e mbuluar për 15-20 minuta për të siguruar që mishi të jetë gatuar.

m) Vazhdoni të gatuani sipër sobës derisa orizi të zbutet.

n) E gjithë koha duhet të jetë rreth 45 minuta.

o) E lëmë mënjanë për disa minuta që të ftohet.

p) E zbukurojmë me borzilok të freskët dhe majdanoz të grirë.

28. Sallatë spanjolle me patate

Shërben: 4

Përbërësit :

- 3 patate të mesme (16 oz).
- 1 karotë e madhe (3 oz), e prerë në kubikë
- 5 lugë bizele të njoma të prera
- 2/3 filxhan (4 oz) bishtaja
- 1/2 qepë mesatare, të copëtuar
- 1 spec i kuq i vogël zile, i grirë
- 4 tranguj koktej, të prera në feta
- 2 lugë kaperi për bebe
- 12 ullinj të mbushur me açuge
- 1 vezë e zier fort, e prerë në feta të holla 2/3 filxhan (5 fl. oz) majonezë
- 1 luge gjelle leng limoni
- 1 lugë çaji mustardë Dijon
- Piper i zi i sapo bluar, për shije Majdanoz i freskët i grirë, për zbukurim

Drejtimet :

a) Gatuani patatet dhe karotat në ujë me kripë të lehtë në një tenxhere. Lëreni të ziejë, më pas zvogëloni në zjarr të ulët dhe gatuajeni derisa pothuajse të zbutet.

b) Shtoni bizelet dhe fasulet dhe ziejini, duke i përzier herë pas here, derisa të gjitha perimet të jenë të buta. Kulloni perimet dhe vendosini në një pjatë për t'i shërbyer.

c) Në një tas të madh përzierjeje, kombinoni qepën, piperin, trangujve, kaperin e vogël, ullinjtë e mbushur me açuge dhe copat e vezëve.

d) Kombinoni majonezën, lëngun e limonit dhe mustardën në një tas të veçantë. Hidheni këtë përzierje në pjatën e servirjes dhe përzieni mirë që të mbulohen të gjithë **përbërësit** . I hedhim një majë kripë dhe piper.

e) E vendosim në frigorifer pasi e zbukurojmë me majdanoz të grirë.

f) Për të përmirësuar shijen e sallatës, lëreni të qëndrojë në temperaturën e dhomës për rreth 1 orë përpara se ta shërbeni.

29. Carbonara spanjolle

Shërben: 2-3

Përbërësit

- 1 korizo i vogël i prerë në kubikë
- 1 thelpi hudhër të grirë imët
- 1 domate e vogël e prerë në kubikë
- 1 kanaçe garbanzos
- erëza të thata: kripë, thekon kili, rigon, farë kopër, anise
- pimenton (paprika) për vezët
- vaj ulliri ekstra i virgjer
- 2 vezë
- 4-6 oz. makarona
- djathë italian i cilësisë së mirë

Drejtimet :

a) Në një sasi të vogël vaj ulliri, kaurdisni hudhrat, domatet dhe chorizo për disa minuta, më pas shtoni fasulet dhe erëzat e lëngshme dhe të thata. Lëreni të vlojë dhe më pas ulni nxehtësinë në minimum derisa lëngu të zvogëlohet përgjysmë.

b) Ndërkohë vendosim të ziejë ujin e makaronave dhe përgatisim vezët për rrëshqitje në tavën me garbanzos dhe në furrën e parangrohur. Për të shtuar shijen spanjolle, i spërkas me përzierjen e përgatitur të erëzave dhe pimenton.

c) Tani është momenti ideal për të shtuar makaronat në tenxhere ndërkohë që tigani është në furrë dhe uji zien. Të dy duhet të jenë gati në të njëjtin moment.

30. Qofte në salcë domate

Shërben: 4

Përbërësit :

- 2 lugë gjelle vaj ulliri
- 8 oz mish viçi të bluar
- 1 filxhan (2 oz) bukë të freskët të bardhë
- 2 lugë djathë Manchego ose Parmixhan të grirë
- 1 lugë gjelle pastë domate
- 3 thelpinj hudhra, të grira mirë
- 2 qepë, të grira mirë
- 2 lugë çaji trumzë të freskët të copëtuar
- 1/2 lugë çaji shafran i Indisë
- Kripë dhe piper, për shije
- 2 gota (16 oz) domate të konservuara kumbulle, të copëtuara
- 2 luge vere te kuqe

- 2 lugë çaji gjethe borziloku të freskët të copëtuar
- 2 lugë çaji rozmarinë të freskët të copëtuar

Drejtimet :

a) Kombinoni mishin e viçit, thërrimet e bukës, djathin, pastën e domates, hudhrën, qepët, vezën, trumzën, shafranin e Indisë, kripën dhe piperin në një tas.

b) Formoni përzierjen në 12 deri në 15 topa të fortë me duar.

c) Në një tigan ngrohni vajin e ullirit në nxehtësi mesatare në të lartë. Gatuani për disa minuta, ose derisa qoftet të marrin ngjyrë kafe nga të gjitha anët.

d) Në një tas të madh përzierjeje, kombinoni domatet, verën, borzilokun dhe rozmarinën. Gatuani, duke i përzier herë pas here, për rreth 20 minuta, ose derisa qoftet të jenë gati.

e) Kripë dhe piper bujarisht, më pas shërbejeni me rapin të zbardhur, spageti ose bukë.

31. Supë me fasule të bardhë

Serbimet: 4

Përbërësit :

- 1 qepë e grirë
- 2 luge vaj ulliri
- 2 bishta selino të grira
- 3 thelpinj hudhre te grira
- 4 filxhanë fasule kanelini të konservuara
- 4 gota lëng pule
- Kripë dhe piper për shije
- 1 lugë çaji rozmarinë të freskët
- 1 filxhan lule brokoli
- 1 lugë gjelle vaj tartufi
- 3 lugë djathë parmixhano të grirë

Udhëzime :

a) Në një tigan të madh, ngrohni vajin.

b) Ziejini selinon dhe qepën për rreth 5 minuta në një tigan.

c) Shtoni hudhrën dhe përzieni për t'u bashkuar. Gatuani edhe 30 sekonda.

d) Hidhni fasulet, 2 gota lëng pule, rozmarinë, kripë dhe piper, si dhe brokolin.

e) Lëngun e lini të vlojë dhe më pas uleni në zjarr të ulët për 20 minuta.

f) Përzieni supën me blenderin tuaj të dorës derisa të arrijë butësinë e dëshiruar.

g) Ulni zjarrin në minimum dhe spërkatni me vaj tartufi.

h) Hidhni supën në pjata dhe spërkateni me djathë parmixhano përpara se ta shërbeni.

32. Peshku i peshkut

Serbimet: 8

Përbërësit :

- 32 oz. mund të prerë në kubikë domate
- 2 luge vaj ulliri
- ¼ filxhan selino të copëtuar
- ½ filxhan lëng peshku
- ½ filxhan verë të bardhë
- 1 filxhan lëng pikant V8
- 1 spec jeshil i grirë
- 1 qepë e grirë
- 4 thelpinj hudhre te grira
- Kriposni piperin sipas shijes
- 1 lugë çaji erëza italiane
- 2 karota të qëruara dhe të prera në feta
- 2 ½ paund tilapia e prerë
- ½ paund karkaleca të qëruar dhe të deveinuar

Drejtimet :

a) Në tenxheren tuaj të madhe ngrohni fillimisht vajin e ullirit.

b) Gatuani specin zile, qepën dhe selinon për 5 minuta në një tigan të nxehtë.

c) Pas kësaj, shtoni hudhrën. Gatuani për 1 minutë pas kësaj.

d) Në një tas të madh përzierjeje, kombinoni të gjithë përbërësit e mbetur përveç ushqimeve të detit.

e) Ziejeni zierjen për 40 minuta në zjarr të ulët.

f) Shtoni tilapinë dhe karkalecat dhe përziejini që të kombinohen.

g) Ziejini edhe për 5 minuta të tjera.

h) Shijoni dhe rregulloni erëzat përpara se ta shërbeni.

33. Makarona e Fagioli

Serbimet: 10

Përbërësit :

- 1 ½ £ mish viçi i bluar
- 2 qepë të grira
- ½ lugë çaji thekon piper të kuq
- 3 lugë vaj ulliri
- 4 bishta selino të grira
- 2 thelpinj hudhre te grira
- 5 gota lëng pule
- 1 filxhan salcë domate
- 3 lugë pastë domate
- 2 lugë çaji rigon
- 1 lugë çaji borzilok
- Kripë dhe piper për shije
- 1 15-oz. mund fasule cannelini
- 2 gota makarona të vogla italiane të gatuara

Udhëzime :

a) Në një tenxhere të madhe skuqni mishin për 5 minuta ose derisa të mos jetë më rozë. Hiqeni nga ekuacioni.

b) Në një tigan të madh, ngrohni vajin e ullirit dhe ziejini qepët, selinonë dhe hudhrat për 5 minuta.

c) Shtoni lëngun e mishit, salcën e domates, pastën e domates, kripën, piperin, borzilokun dhe specat e kuq dhe përzieni për t'u kombinuar.

d) Vendosni kapakun në tenxhere. Më pas supa duhet të lihet të piqet për 1 orë.

e) Shtoni mishin dhe gatuajeni edhe për 15 minuta të tjera.

f) Shtoni fasulet dhe përziejini që të bashkohen. Pas kësaj, gatuajeni për 5 minuta në nxehtësi të ulët.

g) Hidhni makaronat e gatuara dhe ziejini për 3 minuta, ose derisa të nxehen.

34. Supë me qofte dhe Tortelini

Serbimet: 6

Përbërësit :

- 2 luge vaj ulliri
- 1 qepë të prerë në kubikë
- 3 thelpinj hudhre te grira
- Kripë dhe piper për shije
- 8 gota lëng pule
- 1 ½ filxhan domate të konservuara të prera në kubikë
- 1 filxhan lakër jeshile të copëtuar
- 1 filxhan bizele të ngrira të shkrira
- 1 lugë çaji borzilok i grimcuar
- 1 lugë çaji rigon
- 1 gjethe dafine
- 1 paund qofte të shkrirë – çdo lloji
- 1 paund tortelini me djathë të freskët
- ¼ filxhan djathë parmixhano të grirë

Udhëzime :

a) Në një tenxhere të madhe ngrohni vajin e ullirit dhe kaurdisni qepën dhe hudhrën për 5 minuta.

b) Në një tenxhere të madhe bashkoni lëngun e pulës, domatet e grira, lakra jeshile, bizelet, borzilokun, rigonin, kripën, piperin dhe gjethen e dafinës.

c) Më pas lëreni lëngun të vlojë. Pas kësaj, gatuajeni për 5 minuta në nxehtësi të ulët.

d) Hiqni gjethen e dafinës dhe hidheni jashtë.

e) Ziejini edhe për 5 minuta të tjera pasi të keni shtuar qoftet dhe tortelinat.

f) E fundit, por jo më pak e rëndësishme, shërbejeni në tasa me djathë të grirë sipër.

35. Marsala pule

Serbimet: 4

Përbërësit :

- ¼ filxhan miell
- Kripë dhe piper për shije
- ½ lugë çaji trumzë
- 4 gjoks pule pa kocka , të grira
- ¼ filxhan gjalpë
- ¼ filxhan vaj ulliri
- 2 thelpinj hudhre te grira
- 1 ½ filxhan kërpudha të prera në feta
- 1 qepë të vogël të prerë në kubikë
- 1 filxhan marsala
- ¼ filxhan gjysmë e gjysmë ose krem i trashë

Udhëzime :

a) Në një tas përzieni, bashkoni miellin, kripën, piperin dhe trumzën.

b) Në një tas të veçantë, gërryeni gjoksin e pulës në përzierje.

c) Në një tigan të madh shkrini gjalpin dhe vajin.

d) Gatuani hudhrën për 3 minuta në një tigan.

e) Hidhni mishin e pulës dhe gatuajeni për 4 minuta nga secila anë.

f) Në një tigan, kombinoni kërpudhat, qepën dhe marsalën.

g) Gatuani pulën për 10 minuta në zjarr të ulët.

h) Transferoni pulën në një pjatë për servirje.

i) Përzieni kremin gjysmë e gjysmë ose të trashë. Më pas, ndërsa gatuani në temperaturë të lartë për 3 minuta, përzieni vazhdimisht.

j) Lyejeni pulën me salcën.

36. Pulë me çedër me hudhër

Serbimet: 8

Përbërësit :

- ¼ filxhan gjalpë
- ¼ filxhan vaj ulliri
- ½ filxhan djathë parmixhano të grirë
- ½ filxhan bukë panko
- ½ filxhan krisur Ritz të grimcuar
- 3 thelpinj hudhre te grira
- 1 ¼ djathë çedër i mprehtë
- ¼ lugë çaji erëza italiane
- Kripë dhe piper për shije
- ¼ filxhan miell
- 8 gjoks pule

Udhëzime :

a) Ngrohni furrën në 350 gradë Fahrenheit.

b) Në një tigan shkrini gjalpin dhe vajin e ullirit dhe ziejini hudhrat për 5 minuta.

c) Në një tas të madh përzierjeje, bashkoni thërrimet e bukës, krisurat e thyera, të dy djathrat, erëzat, kripën dhe piperin.

d) Lyejeni secilën pjesë të pulës në përzierjen e gjalpit/vajit të ullirit sa më shpejt që të jetë e mundur.

e) Hidhni pulën me miell dhe fshijeni në të.

f) Ngrohni furrën në 350°F dhe lyeni pulën me përzierjen e bukës.

g) Vendosni secilën pjesë të pulës në një enë pjekjeje.

h) Hidhni përzierjen e gjalpit/vajit sipër.

i) Ngroheni furrën në 350°F dhe piqni për 30 minuta.

j) Për t'u freskët, vendoseni nën brojler për 2 minuta.

37. Fettuccini pule Alfredo

Serbimet: 8

Përbërësit :

- 1 paund makarona fetuccine
- 6 gjoks pule pa kocka, pa lëkurë, të prera bukur në kubikë ¾ filxhan gjalpë, të ndarë
- 5 thelpinj hudhre te grira
- 1 lugë çaji trumzë
- 1 lugë çaji rigon
- 1 qepë të prerë në kubikë
- 1 filxhan kërpudha të prera në feta
- ½ filxhan miell
- Kripë dhe piper për shije
- 3 gota qumësht të plotë
- 1 filxhan krem të rëndë
- ¼ filxhan djathë grijere të grirë
- ¾ filxhan djathë parmixhano të grirë

Udhëzime :

a) Ngrohni furrën në 350°F dhe gatuajini makaronat sipas udhëzimeve të paketimit , rreth 10 minuta.

b) Në një tigan shkrini 2 lugë gjalpë dhe shtoni kubet e pulës, hudhrën, trumzën dhe rigonin, duke i zier në temperaturë të ulët për 5 minuta ose derisa pula të mos jetë më rozë. Hiq .

c) Në të njëjtën tigan shkrijmë 4 lugët e mbetura gjalpë dhe kaurdisim qepën dhe kërpudhat.

d) Hidhni miellin, kripën dhe piperin për 3 minuta.

e) Shtoni ajkën e trashë dhe qumështin. Përziejini edhe 2 minuta të tjera.

f) Përzieni djathin për 3 minuta në zjarr të ulët.

g) E kthejmë pulën në tigan dhe e rregullojmë sipas shijes.

h) Gatuani për 3 minuta në temperaturë të ulët.

i) Hidhni salcën mbi makaronat.

38. Ziti me sallam

Serbimet: 8

Përbërësit :

- 1 paund sallam italian i grimcuar
- 1 filxhan kërpudha të prera në feta
- ½ filxhan selino të prerë në kubikë
- 1 qepë të prerë në kubikë
- 3 thelpinj hudhre te grira
- 42 oz. salcë spageti të blerë në dyqan ose shtëpi
- Kripë dhe piper për shije
- ½ lugë çaji rigon
- ½ lugë çaji borzilok
- 1 paund makarona ziti të pagatuara
- 1 filxhan djathë mocarela e grirë
- ½ filxhan djathë parmixhano të grirë
- 3 lugë majdanoz të grirë

Drejtimet :

a) Në një tigan skuqim salsiçen, kërpudhat, qepën dhe selinon për 5 minuta.

b) Pas kësaj, shtoni hudhrën. Gatuani edhe 3 minuta të tjera. Hiqeni nga ekuacioni.

c) Shtoni salcën e spagetit, kripën, piperin, rigonin dhe borzilokun në një tigan të veçantë.

d) Ziejeni salcën për 15 minuta.

e) Përgatisni makaronat në një tigan sipas **udhëzimeve të paketimit** derisa salca të piqet. Kullojeni.

f) Ngrohni furrën në 350 gradë Fahrenheit.

g) Në një enë pjekje vendosim ziti, përzierjen e salsiçeve dhe mocarelën e grirë në dy shtresa.

h) Sipër spërkatni majdanoz dhe djathë parmixhan.

i) Ngrohni furrën në 350°F dhe piqni për 25 minuta.

39. Suxhuk dhe speca

Serbimet: 4

Përbërësit :

- 1 pako spageti
- 1 luge vaj ulliri
- 4 sallame të ëmbla italiane të prera në copa sa një kafshatë
- 2 speca zile të kuqe të prera në rripa.
- 2 speca jeshilë të prerë në rripa
- 2 speca zile portokalli të prera në rripa
- 3 thelpinj hudhre te grira
- 1 lugë çaji erëza italiane
- Kripë dhe piper për shije
- 3 lugë vaj ulliri të virgjër
- 12 oz. domate të konservuara të prera në kubikë
- 3 lugë verë të kuqe
- 1/3 filxhan majdanoz të grirë
- $\frac{1}{4}$ filxhan djathë Asiago i grirë

Udhëzime :

a) Gatuani spagetin sipas udhëzimeve të paketimit , që duhet të zgjasë rreth 5 minuta. Kullojini b) Në një tigan ngrohni vajin e ullirit dhe skuqni salsiçet për 5 minuta.

b) Vendoseni sallamin në një pjatë për servirje.

c) Në të njëjtën tigan shtoni specat, hudhrat, erëzat italiane, kripën dhe piperin.

d) Hidhni 3 lugë gjelle vaj ulliri mbi specat.

e) Shtoni domatet e prera në kubikë dhe verën dhe përziejini të bashkohen.

f) Skuqeni gjithsej 10 minuta.

g) Rregulloni erëzat duke i hedhur spagetit me specat.

h) Sipër shtoni majdanoz dhe djathë Asiago.

40. Lazanja e ëmbël

Serbimet: 4

Përbërësit :

- 1 ½ paund sallam pikant italian i grimcuar
- 5 gota salcë spageti të blerë në dyqan
- 1 filxhan salcë domate
- 1 lugë çaji erëza italiane
- ½ filxhan verë të kuqe
- 1 luge sheqer
- 1 luge vaj
- 5 doreza hudhre te grira
- 1 qepë të prerë në kubikë
- 1 filxhan djathë mocarela e grirë
- 1 filxhan djathë provolone të grirë
- 2 gota djathë rikota
- 1 filxhan gjize
- 2 vezë të mëdha
- ¼ filxhan qumësht

- 9 petë lasagna petë – parboil ed
- ¼ filxhan djathë parmixhano të grirë

Udhëzime :

a) Ngroheni furrën në 375 gradë Fahrenheit.

b) Në një tigan skuqim salsiçen e grirë për 5 minuta. Çdo yndyrë duhet të hidhet.

c) Në një tenxhere të madhe, bashkoni salcën e makaronave, salcën e domates, erëzat italiane, verën e kuqe dhe sheqerin dhe përzieni mirë.

d) Në një tigan ngrohni vajin e ullirit. Më pas kaurdisim hudhrën dhe qepën për 5 minuta.

e) Përfshini salsiçen, hudhrën dhe qepën në salcë.

f) Pas kësaj, mbulojeni tenxheren dhe lëreni të ziejë për 45 minuta.

g) Në një pjatë përzierje bashkojmë djathrat mocarela dhe provolone.

h) Në një tas të veçantë, kombinoni rikotën, gjizën, vezët dhe qumështin.

i) Në një enë pjekjeje 9 x 13, hidhni 12 filxhanë salcë në fund të enës.

j) Tani rregulloni petët, salcën, rikotën dhe mocarelën në enën e pjekjes në tre shtresa.

k) Sipër shtroni djathin parmixhano.

l) Piqeni në një enë të mbuluar për 30 minuta.

m) Piqeni edhe për 15 minuta të tjera pasi e keni zbuluar enën.

41. Diavolo me ushqim deti

Serbimet: 4

Përbërësit :

- 1 paund. karkaleca të mëdha të qëruara dhe të deveinuara
- ½ £ fiston të skuqur
- 3 lugë vaj ulliri
- ½ lugë çaji thekon piper të kuq
- Kripë për shije
- 1 qepë e vogël e prerë në feta
- ½ lugë çaji trumzë
- ½ lugë çaji rigon
- 2 fileto açuge të grira
- 2 lugë pastë domate
- 4 thelpinj hudhre te grira
- 1 filxhan verë të bardhë
- 1 lugë çaji lëng limoni
- 2 ½ gota domate të prera në kubikë
- 5 lugë majdanoz

Udhëzime :

a) Në një pjatë përzierjeje, kombinoni karkalecat, fiston, vaj ulliri, thekon piper të kuq dhe kripë.

b) Ngrohni paraprakisht tiganin në 350°F. Për 3 minuta kaurdisim frutat e detit në shtresa të vetme. Kjo është diçka që mund të bëhet në tufa.

c) Vendosni karkalecat dhe fiston në një pjatë për servirje.

d) Ngrohni përsëri tiganin.

e) Për 2 minuta kaurdisim qepën, barishtet, filetot e açuges dhe pastën e domates.

f) Kombinoni verën, lëngun e limonit dhe domatet e prera në kubikë në një tas.

g) Lëngun e lëmë të vlojë.

h) Vendosni temperaturën në një nivel të ulët. Gatuani për 15 minuta pas kësaj.

i) Kthejini ushqimet e detit në tigan, së bashku me majdanozin.

j) Gatuani për 5 minuta në zjarr të ulët.

42. Linguine dhe karkaleca Scampi

Serbimet: 6

Përbërësit :

- 1 pako makarona linguine
- ¼ filxhan gjalpë
- 1 spec të kuq zile të grirë
- 5 thelpinj hudhre te grira
- 45 karkaleca të papërpunuara të mëdha të qëruara dhe të devijonuara ½ filxhan verë të bardhë të thatë ¼ filxhan lëng pule
- 2 lugë gjelle lëng limoni
- ¼ filxhan gjalpë
- 1 lugë çaji thekon spec të kuq të grimcuar
- ½ lugë çaji shafran
- ¼ filxhan majdanoz i grirë
- Kripë për shije

Udhëzime :

a) Gatuani makaronat sipas udhëzimeve të paketimit , e cila duhet të zgjasë rreth 10 minuta.

b) Kullojeni ujin dhe lëreni mënjanë.

c) Në një tigan të madh shkrini gjalpin.

d) Gatuani specat dhe hudhrat në një tigan për 5 minuta.

e) Shtoni karkalecat dhe vazhdoni t'i skuqni edhe për 5 minuta të tjera.

f) Hiqni karkalecat në një pjatë, por mbajini hudhrat dhe piperin në tigan.

g) Vërini të ziejnë verën e bardhë, lëngun e lëngut dhe lëngun e limonit.

h) Kthejeni karkalecat në tigan me 14 filxhanë më të mirë.

i) Shtoni thekonet e piperit të kuq, shafranin dhe majdanozin dhe i rregulloni me kripë sipas shijes.

j) Ziejini për 5 minuta pasi i hidhni makaronat.

43. Karkaleca me salcë kremi Pesto

Serbimet: 6

Përbërësit :

- 1 pako makarona linguine
- 1 luge vaj ulliri
- 1 qepë e grirë
- 1 filxhan kërpudha të prera në feta
- 6 thelpinj hudhre te grira
- ½ filxhan gjalpë
- Kripë dhe piper për shije
- ½ lugë çaji piper kajen
- 1 3/4 gota Pecorino Romano të grira
- 3 lugë miell
- ½ filxhan krem i trashë
- 1 filxhan pesto
- 1 £ karkaleca të gatuar, të qëruar dhe të deveinuar

Drejtimet :

a) Gatuani makaronat sipas udhëzimeve të paketimit, e cila duhet të zgjasë rreth 10 minuta. Kullojeni.

b) Në një tigan ngrohni vajin dhe ziejini qepën dhe kërpudhat për 5 minuta.

c) Gatuani për 1 minutë pasi të keni përzier hudhrën dhe gjalpin.

d) Në një tigan, derdhni kremin e trashë dhe i rregulloni me kripë, piper dhe piper të kuq.

e) Ziejini edhe për 5 minuta të tjera.

f) Shtoni djathin dhe përzieni të bashkohet. Vazhdoni të përzieni derisa djathi të shkrihet.

g) Më pas, për të trashur salcën, përzieni miellin.

h) Gatuani për 5 minuta me peston dhe karkaleca.

i) Lyejmë makaronat me salcën.

44. Supë me peshk dhe Chorizo

Serbimet : 4

Përbërësit :

- 2 koka peshku (përdoren për të gatuar lëngun e peshkut)
- 500 gr fileto peshku , të prera në copa
- 1 qepë
- 1 thelpi hudhër
- 1 filxhan verë të bardhë
- 2 luge vaj ulliri
- 1 grusht majdanoz (i grirë)
- 2 gota lëng peshku
- 1 grusht rigon (i copëtuar)
- 1 lugë gjelle kripë
- 1 lugë gjelle piper
- 1 selino
- 2 kanaçe domate (domate)
- 2 djegës të kuq
- 2 salsiçe chorizo

- 1 lugë paprika
- 2 gjethe dafine

Udhëzime :

a) Pastroni kokën e peshkut. Gushat duhet të hiqen. Sezoni me kripë. Gatuani për 20 minuta në temperaturë të ulët. Hiqeni nga ekuacioni.

b) Në një tigan hedhim vajin e ullirit. Kombinoni qepën, gjethet e dafinës, hudhrën, chorizo-n dhe paprikën në një tas të madh përzierjeje. 7 minuta në furrë

c) Në një tas të madh përzierjeje, kombinoni djegësit e kuq, domatet, selinon, piperin, kripën, rigonin, lëngun e peshkut dhe verën e bardhë.

d) Gatuani gjithsej 10 minuta.

e) Hidhni në peshk. 4 minuta në furrë

f) Përdorni orizin si pjatë anësore.

g) Shtoni majdanozin si garniturë.

45. Ratatouille spanjolle

Serbimet : 4

Përbërësit :

- 1 spec i kuq zile (i prerë në kubikë)
- 1 qepë me madhësi mesatare (e prerë ose e prerë)
- 1 thelpi hudhër
- 1 kungull i njomë (i copëtuar)
- 1 spec zile jeshile (i prerë në kubikë)
- 1 lugë gjelle kripë
- 1 lugë gjelle piper
- 1 kanaçe domate (copëtuar)
- 3 lugë vaj ulliri
- 1 spërkatje verë e bardhë
- 1 grusht majdanoz të freskët

Udhëzime :

a) Në një tigan hedhim vajin e ullirit.

b) Hidhni në të qepët. Lëreni 4 minuta të skuqet në nxehtësi mesatare.

c) Hidhni hudhrat dhe specat. Lëreni edhe 2 minuta të skuqura.

d) Hidhni kungull i njomë, domatet, verën e bardhë dhe i shijoni me kripë dhe piper.

e) Gatuani për 30 minuta ose derisa të jetë gati.

f) Nëse dëshironi, zbukurojeni me majdanoz.

g) Shërbejeni me oriz ose bukë të thekur si pjatë anësore.

h) Shijoje!!!

46. Merak me fasule dhe Chorizo

Serbimet : 3

Përbërësit :

- 1 karotë (të prerë në kubikë)
- 3 lugë vaj ulliri
- 1 qepë e mesme
- 1 spec i kuq zile
- 400 g fasule të thata fabes
- 300 gram sallam Chorizo
- 1 piper zile jeshile
- 1 filxhan majdanoz (i copëtuar)
- 300 gr domate (të prera në kubikë)
- 2 gota lëng pule
- 300 gram kofshë pule (fileto)
- 6 thelpinj hudhra
- 1 patate e mesme (e prerë në kubikë)
- 2 lugë trumzë
- 2 lugë gjelle kripë për shije

- 1 lugë gjelle piper

Udhëzime :

a) Në një tigan, derdhni vajin vegjetal. Hidhni në të qepën. Lëreni 2 minuta të skuqet në nxehtësi mesatare.

b) Në një tas të madh përzierjeje, kombinoni hudhrën, karrotën, specat zile, chorizo-n dhe kofshët e pulës. Lëreni 10 minuta për gatim.

c) Hidhni trumzën, lëngun e pulës, fasulet, patatet, domatet, majdanozin dhe i shijoni me kripë dhe piper.

d) Gatuani për 30 minuta, ose derisa fasulet të zbuten dhe zierja të jetë trashur.

47. Gazpacho

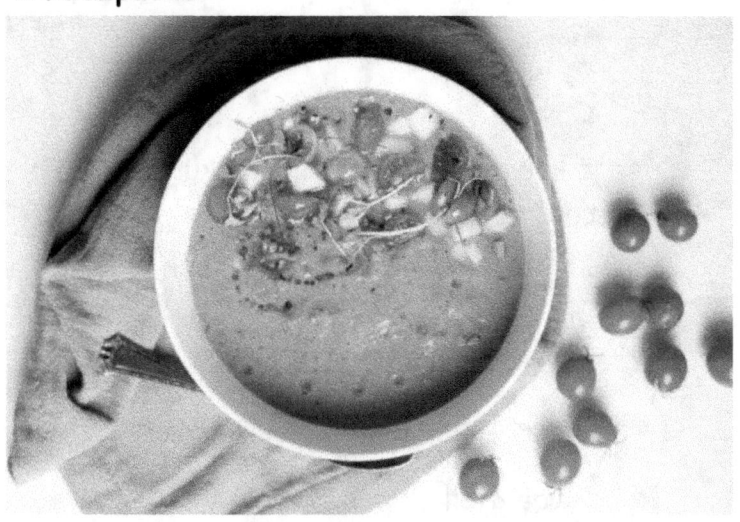

Serbimet : 6

Përbërësit :

- 2 kilogramë domate të pjekura , të copëtuara
- 1 spec i kuq zile (i prerë në kubikë)
- 2 thelpinj hudhër (të bluara)
- 1 lugë gjelle kripë
- 1 lugë gjelle piper
- 1 lugë qimnon (i bluar)
- 1 filxhan qepë të kuqe (copëtuar)
- 1 piper Jalapeno me madhësi të madhe
- 1 filxhan vaj ulliri
- 1 gëlqere 1 kastravec me madhësi mesatare
- 2 lugë gjelle uthull
- 1 filxhan domate (lëng)
- 1 lugë gjelle salcë Worcestershire
- 2 lugë borzilok të freskët (i prerë)

- 2 feta buke

Udhëzime :

a) Në një tas përzieni, kombinoni kastravecin, domatet, specat, qepën, hudhrën, jalapeño, kripën dhe qimnonin. Përziejini gjithçka plotësisht.

b) Në një blender, kombinoni vajin e ullirit, uthullën, salcën Worcestershire, lëngun e limonit, lëngun e domates dhe bukën. Përziejini derisa masa të jetë plotësisht e lëmuar.

c) Përzierja e përzier futeni në përzierjen origjinale duke përdorur një sitë.

d) Sigurohuni që të kombinoni plotësisht gjithçka.

e) Hidheni gjysmën e masës në blender dhe bëjeni pure. Përziejini derisa masa të jetë plotësisht e lëmuar.

f) Masën e përzier e kthejmë në pjesën tjetër të masës. Përziejini gjithçka plotësisht.

g) E vendosim tasin në frigorifer për 2 orë pasi ta mbulojmë.

h) Pas 2 orësh, hiqeni enën. E rregullojmë përzierjen me kripë dhe piper. Sipër enës spërkatni borzilok.

i) Shërbejeni.

48. Kallamar dhe Oriz

Serbimet : 4

Përbërësit :

- 6 oz. ushqim deti (çdo sipas zgjedhjes suaj)
- 3 thelpinj hudhra
- 1 qepë e mesme (e prerë)
- 3 lugë vaj ulliri
- 1 piper jeshil (i prere ne feta)
- 1 lugë boje kallamari
- 1 tufë majdanoz
- 2 lugë paprika
- 550 gram kallamar (të pastruar)
- 1 lugë gjelle kripë
- 2 selino (të prera në kubikë)
- 1 gjethe dafine e freskët
- 2 domate të mesme (të grira)
- 300 g oriz calasparra
- 125 ml verë të bardhë

- 2 gota lëng peshku
- 1 limon

Udhëzime :

a) Në një tigan hedhim vaj ulliri. Kombinoni qepën, gjethen e dafinës, piperin dhe hudhrën në një tas. Lëreni për disa minuta skuqje.

b) Hidhni kallamarët dhe ushqimet e detit. Gatuani për disa minuta, më pas hiqni kallamarët/prodhimet e detit.

c) Në një tas të madh përzierjeje, kombinoni paprikën, domatet, kripën, selinon, verën dhe majdanozin. Lërini 5 minuta që perimet të përfundojnë gatimin.

d) Hidhni orizin e shpëlarë në tigan. Kombinoni lëngun e peshkut dhe bojën e kallamarit në një tas.

e) Gatuani gjithsej 10 minuta. Kombinoni ushqimet e detit dhe kallamarët në një tas të madh përzierjeje.

f) Gatuani edhe 5 minuta.

g) Shërbejeni me aioli ose limon.

49. Zierje lepuri në domate

Serbimet : 5

Përbërësit :

- 1 lepur i plotë , i prerë në copa
- 1 gjethe dafine
- 2 qepë me përmasa të mëdha
- 3 thelpinj hudhra
- 2 luge vaj ulliri
- 1 lugë gjelle paprika e ëmbël
- 2 degë rozmarinë të freskët
- 1 kanaçe domate
- 1 degë trumzë
- 1 filxhan verë të bardhë
- 1 lugë gjelle kripë
- 1 lugë gjelle piper

Udhëzime :

a) Në një tigan, ngrohni vajin e ullirit në nxehtësi mesatare në të lartë.

b) Ngroheni vajin dhe shtoni copat e lepurit. Skuqini derisa copat të marrin ngjyrë kafe të barabartë.

c) Hiqeni pasi të ketë mbaruar.

d) Shtoni qepët dhe hudhrat në të njëjtën tigan. Gatuani derisa të jetë plotësisht i butë.

e) Në një tas të madh përzierjeje, kombinoni trumzën, paprikën, rozmarinën, kripën, piperin, domatet dhe gjethen e dafinës. Lëreni 5 minuta për gatim.

f) Hidhni copat e lepurit me verën. Gatuani të mbuluara për 2 orë ose derisa copat e lepurit të jenë gatuar dhe salca të jetë trashur.

g) Shërbejeni me patate të skuqura ose bukë të thekur.

50. Karkaleca me kopër

Serbimet : 3

Përbërësit :

- 1 lugë gjelle kripë
- 1 lugë gjelle piper
- 2 thelpinj hudhër (të prera)
- 2 luge vaj ulliri
- 4 lugë sheri manzanilla
- 1 llambë kopër
- 1 grusht kërcell majdanozi
- 600 gr domate qershi
- 15 karkaleca me madhësi të madhe , të qëruara
- 1 filxhan verë të bardhë

Udhëzime :

a) Në një tenxhere të madhe ngrohni vajin. Vendosni thelpinjtë e prerë të hudhrës në një tas. Lëreni të skuqet derisa hudhra të marrë ngjyrë kafe të artë.

b) Shtoni kopër dhe majdanoz në përzierje. Gatuani për 10 minuta në zjarr të ulët.

c) Në një tas të madh përzierjeje, bashkoni domatet, kripën, piperin, sherin dhe verën. Lëreni të ziejë për 7 minuta, ose derisa salca të jetë e trashë.

d) Sipër vendosni karkalecat e qëruara. Gatuani për 5 minuta, ose derisa karkalecat të kenë marrë ngjyrë rozë.

e) Zbukuroni me një spërkatje me gjethe majdanozi.

f) Shërbejeni me një anë buke.

ËSHTËRTËSITË MESIDETARE

51. Panna Cotta me çokollatë

5 porcione

Përbërësit :

- 500 ml krem i trashë
- 10 g xhelatinë
- 70 gr çokollatë e zezë
- 2 lugë kos
- 3 lugë gjelle sheqer
- një majë kripë

Udhëzime :

a) Në një sasi të vogël kremi, thithni xhelatinë.

b) Në një tenxhere të vogël hedhim kremin e mbetur. Vërini sheqerin dhe kosin të ziejnë duke i përzier herë pas here, por mos zieni. E heqim tiganin nga zjarri.

c) Përzieni çokollatën dhe xhelatinën derisa të treten plotësisht.

d) Mbushni kallëpet me brumin dhe ftohuni për 2-3 orë.

e) Për të çliruar panën nga kallëpi, vendoseni nën ujë të nxehtë për disa sekonda përpara se ta hiqni ëmbëlsirën.

f) Dekoroni sipas dëshirës tuaj dhe shërbejeni!

52. Galette Cheesy me Salami

5 porcione

Përbërësit :

- 130 g gjalpë
- 300 gr miell
- 1 lugë çaji kripë
- 1 vezë
- 80 ml qumësht
- 1/2 lugë çaji uthull
- Mbushja:
- 1 domate
- 1 piper i embel
- kungull i njomë
- sallam
- mocarela
- 1 luge vaj ulliri
- barishte (të tilla si trumzë, borzilok, spinaq)

Udhëzime :

a) Pritini gjalpin në kubikë.

b) Në një tas ose tigan bashkojmë vajin, miellin dhe kripën dhe i presim me thikë.

c) Hidhni një vezë, pak uthull dhe pak qumësht.

d) Filloni të gatuani brumin. Lëreni në frigorifer për gjysmë ore pasi e rrotulloni në një top dhe e mbështillni me mbështjellës.

e) Pritini të gjithë përbërësit e mbushjes.

f) Vendoseni mbushjen në qendër të një rrethi të madh brumi që është hedhur në pergamenë për pjekje (përveç Mocarelës).

g) Spërkateni me vaj ulliri dhe rregulloni me kripë dhe piper.

h) Më pas ngrini me kujdes skajet e brumit, mbështillni ato rreth pjesëve të mbivendosura dhe shtypni lehtë brenda.

i) Ngrohim furrën në 200°C dhe e pjekim për 35 minuta. Shtoni mocarelën dhjetë minuta para përfundimit të kohës së pjekjes dhe vazhdoni të piqni.

j) Shërbejeni menjëherë!

53. Tiramisu

Serbimet: 6

Përbërësit :

- 4 te verdha veze
- ¼ filxhan sheqer të bardhë
- 1 lugë ekstrakt vanilje
- ½ filxhan krem rrahjeje
- 2 gota djathë mascarpone
- 30 gishta zonje
- 1 ½ filxhan kafeje të ftohtë në akull e mbajtur në frigorifer
- ¾ filxhan liker Frangelico
- 2 lugë gjelle pluhur kakao pa sheqer

Udhëzime :

a) Në një legen për përzierje, rrihni së bashku të verdhat e vezëve, sheqerin dhe ekstraktin e vaniljes derisa të bëhen kremoze.

b) Pas kësaj, rrihni kremin për rrahje derisa të jetë i fortë.

c) Bashkoni djathin mascarpone dhe kremin e rrahur.

d) Në një tas të vogël përziejeni mascarponen në të verdhat e vezëve dhe lëreni mënjanë.

e) Kombinoni pijen me kafenë e ftohtë.

f) Zhytini gishtat e zonjës në përzierjen e kafesë menjëherë. Nëse gishtat e zonjës lagen ose lagështohen shumë, ato do të lagen.

g) Vendosni gjysmën e gishtave të zonjës në fund të një enë pjekjeje 9x13 inç.

h) Sipër vendosni gjysmën e përzierjes së mbushjes.

i) Vendosni gishtat e mbetur të zonjës sipër.

j) Vendosni një mbulesë mbi enë. Pas kësaj, ftoheni për 1 orë.

k) Pluhuroni me pluhur kakao.

54. Byrek kremoz Ricotta

Serbimet: 6

Përbërësit :

- 1 kore byreku e blere ne dyqan
- 1 ½ paund djathë rikota
- ½ filxhan djathë mascarpone
- 4 vezë të rrahura
- ½ filxhan sheqer të bardhë
- 1 lugë gjelle raki

Drejtimet :

a) Ngrohni furrën në 350 gradë Fahrenheit.

b) Kombinoni të gjithë përbërësit e mbushjes në një tas. Më pas masën e derdhni në kore.

c) Ngroheni furrën në 350°F dhe piqni për 45 minuta.

d) Vendoseni byrekun në frigorifer për të paktën 1 orë përpara se ta shërbeni.

55. Biskota Anisette

Serbimet: 36

Përbërësit :

- 1 filxhan sheqer
- 1 filxhan gjalpë
- 3 gota miell
- ½ filxhan qumësht
- 2 vezë të rrahura
- 1 lugë gjelle pluhur pjekjeje
- 1 lugë gjelle ekstrakt bajame
- 2 lugë çaji liker anisette
- 1 filxhan sheqer ëmbëlsirash

Udhëzime :

a) Ngroheni furrën në 375 gradë Fahrenheit.

b) Rrihni së bashku sheqerin dhe gjalpin derisa të jenë të lehta dhe me gëzof.

c) Përfshini gradualisht miellin, qumështin, vezët, pluhurin për pjekje dhe ekstraktin e bajames.

d) Ziejeni brumin derisa të bëhet ngjitës.

e) Krijoni topa të vegjël nga copa brumi me gjatësi 1 inç.

f) Ngroheni furrën në 350°F dhe lyeni me yndyrë një fletë pjekjeje. Vendosni topat në tepsi.

g) Ngroheni furrën në 350°F dhe piqini biskotat për 8 minuta.

h) Kombinoni likerin anisetë, sheqerin e ëmbëlsirave dhe 2 lugë ujë të nxehtë në një tas.

i) Në fund, zhytni biskotat në glazurë sa janë ende të ngrohta.

56. Panna Cotta

Serbimet: 6

Përbërësit :

- ⅓ filxhan qumësht
- 1 pako xhelatinë pa aromë
- 2 ½ filxhan krem të rëndë
- ¼ filxhan sheqer
- ¾ filxhan luleshtrydhe të prera në feta
- 3 lugë sheqer kaf
- 3 lugë raki

Udhëzime :

a) Përzieni qumështin dhe xhelatinën së bashku derisa xhelatina të tretet plotësisht. Hiqeni nga ekuacioni.

b) Në një tenxhere të vogël vendosim ajkën e trashë dhe sheqerin të ziejnë.

c) Përzierjen e xhelatinës e vendosim në kremin e trashë dhe e përziejmë për 1 minutë.

d) Masën e ndajmë në 5 ramekin.

e) Vendosni mbështjellës plastik mbi ramekins. Pas kësaj, ftoheni për 6 orë.

f) Në një tas përziejini luleshtrydhet, sheqerin kaf dhe rakinë; ftohet për të paktën 1 orë.

g) Vendosni luleshtrydhet mbi panën.

57. Flan karamel

Serbimet : 4

Përbërësit :

- 1 lugë ekstrakt vanilje
- 4 vezë
- 2 kanaçe qumësht (1 i avulluar dhe 1 i kondensuar i ëmbëlsuar)
- 2 gota duke rrahur krem
- 8 lugë sheqer

Udhëzime :

a) Ngroheni furrën në 350 gradë Fahrenheit.

b) Në një tigan që nuk ngjit shkrini sheqerin në zjarr mesatar derisa të marrë ngjyrë të artë.

c) Hedhim sheqerin e lëngshëm në një tavë pjekjeje sa është ende e nxehtë.

d) Në një pjatë për përzierje, çani dhe rrihni vezët. Kombinoni qumështin e kondensuar, ekstraktin e vaniljes, kremin dhe qumështin e ëmbëlsuar në një tas. Bëni një përzierje të plotë.

e) Brumin e derdhim në tavën e shkrirë të lyer me sheqer. Vendoseni tiganin në një tigan më të madh me 1 inç ujë të vluar.

f) Bake për 60 minuta.

58. Krem Katalan

Serbimet : 3

Përbërësit :

- 4 te verdha veze
- 1 kanellë (shop)
- 1 limon (lëkurë)
- 2 lugë niseshte misri
- 1 filxhan sheqer
- 2 gota qumësht
- 3 gota fruta të freskëta (manaferra ose fiq)

Udhëzime :

a) Në një tigan, përzieni të verdhat e vezëve dhe një pjesë të madhe të sheqerit. Përziejini derisa masa të bëhet shkumë dhe e lëmuar.

b) Shtoni shkopin e kanellës me lëkurën e limonit. Bëni një përzierje të plotë.

c) Përzieni niseshtenë e misrit dhe qumështin. Në zjarr të ulët, përzieni derisa masa të trashet.

d) Nxirreni tenxheren nga furra. Lëreni të ftohet për disa minuta.

e) Masën e vendosim në ramekins dhe e lëmë mënjanë.

f) Lëreni mënjanë për të paktën 3 orë në frigorifer.

g) Kur të jetë gati për t'u shërbyer, derdhni sheqerin e mbetur mbi ramekins.

h) Vendosini ramekinet në raftin e poshtëm të bojlerit. Lëreni sheqerin të shkrijë derisa të marrë një ngjyrë kafe të artë.

i) Si garniturë, shërbejeni me fruta.

59. Krem spanjoll portokalli-limon

Shërbimet : 1 porcione

Përbërës

- 4½ lugë çaji Xhelatinë e thjeshtë
- ½ filxhan lëng portokalli
- ¼ filxhan Lëng limoni
- 2 gota Qumështi
- 3 Vezë, të ndara
- ⅔ filxhan Sheqeri
- Një majë kripë
- 1 lugë gjelle Lëkurë portokalli e grirë

Udhëzime :

a) Përzieni së bashku xhelatinën, lëngun e portokallit dhe lëngun e limonit dhe lëreni mënjanë për 5 minuta.

b) Përvëloni qumështin dhe hidhni të verdhat, sheqerin, kripën dhe lëkurën e portokallit.

c) Gatuani në një kazan të dyfishtë derisa të mbulojë pjesën e pasme të një luge (mbi ujë të nxehtë, jo të vluar).

d) Pas kësaj, shtoni përzierjen e xhelatinës. I ftohtë.

e) Shtoni të bardhat e vezëve të rrahura fort në përzierje.

f) Lëreni në frigorifer derisa të vendoset.

60. Pjepri i dehur

Sercionet : 4 deri në 6 racione

Përbërës

- Për pjatën Një përzgjedhje prej 3 deri në 6 djathëra të ndryshëm spanjollë
- 1 Shishe verë port
- 1 Pjepri, pjesa e sipërme hiqet dhe ed

Drejtimet :

a) Një deri në tre ditë para darkës, derdhni portin në pjepër.

b) Ftoheni në frigorifer, të mbuluar me mbështjellës plastik dhe me pjesën e sipërme të zëvendësuar.

c) Hiqeni pjeprin nga frigoriferi dhe hiqni mbështjellësin dhe sipër kur të jeni gati për ta shërbyer.

d) Hiqni portin nga pjepri dhe vendoseni në një tas.

e) Prisni pjeprin në copa pasi të keni hequr lëkurën. Vendosini copat në katër enë të veçanta të ftohta.

f) Shërbejeni në një pjatë anësore me djathërat.

61. Sherbeti i bajames

Serbimet : 1 porcion

Përbërës

- 1 filxhan Bajame të zbardhura; i thekur
- 2 gota Uje pranveror
- ¾ filxhan Sheqeri
- 1 majë kanellë
- 6 lugë gjelle Shurup misri i lehtë
- 2 lugë gjelle Amaretto
- 1 lugë çaji Lëkura e limonit

Udhëzime :

a) Në një procesor ushqimi, grini bajamet në një pluhur. Në një tenxhere të madhe, bashkoni ujin, sheqerin, shurupin e misrit, pijen, lëkurën dhe kanellën, më pas shtoni arrat e bluara.

b) Në zjarr mesatar përziejmë vazhdimisht derisa sheqeri të tretet dhe masa të vlojë. 2 minuta në një valë

c) Lëreni mënjanë të ftohet Duke përdorur një aparat për akullore, përzieni përzierjen derisa të jetë gjysmë e ngrirë.

d) Nëse nuk keni një prodhues akulloreje, transferojeni përzierjen në një tas inox dhe ngrijeni derisa të forcohet, duke e përzier çdo 2 orë.

62. Torte me mollë spanjolle

Servings : 8 Servings

Përbërës

- ¼ paund Gjalpë
- ½ filxhan Sheqeri
- 1 E kuqja e vezes
- 1½ filxhan Miell i situr
- 1 dash Kripë
- ⅛ lugë çaji Pluhur pjekje
- 1 filxhan Qumështi
- ½ Lëkura e limonit
- 3 Të verdhat e vezëve
- ¼ filxhan Sheqeri
- ¼ filxhan Miell
- 1½ lugë gjelle Gjalpë
- ¼ filxhan Sheqeri
- 1 lugë gjelle Lëng limoni
- ½ lugë çaji kanellë

- 4 Mollë të qëruara dhe të prera në feta
- Apple; kajsi, ose ndonjë pelte sipas dëshirës

Udhëzime :

a) Ngrohni furrën në 350°F. Bashkoni sheqerin dhe gjalpin në një tas për përzierje. Përziejini së bashku përbërësit e mbetur derisa të formohet një top.

b) Hapeni brumin në një tavë në formë susta ose në një tepsi byreku. Mbajeni në frigorifer derisa të jeni gati për përdorim.

c) Kombinoni lëngun e limonit, kanellën dhe sheqerin në një tas. Hidheni me mollët dhe hidheni në shtresë. Kjo është diçka që mund të bëhet para kohe.

d) Shtoni lëkurën e limonit në qumësht. Lëreni qumështin të vlojë dhe më pas uleni në zjarr të ulët për 10 minuta. Ndërkohë, në një tigan të rëndë, përzieni të verdhat e vezëve dhe sheqerin.

e) Kur qumështi të jetë gati, hidheni ngadalë në masën e të verdhës, duke e trazuar vazhdimisht në zjarr të ulët. Ngadalë përzieni miellin duke e trazuar në zjarr të ulët.

f) Vazhdoni ta përzieni masën derisa të jetë e lëmuar dhe e trashë. E heqim tiganin nga zjarri. Ngadalë përzieni gjalpin derisa të shkrihet.

g) Mbushni koren me kremin. Për të bërë një shtresë të vetme ose të dyfishtë, vendosni mollët sipër. Vendoseni tortën në një furrë me temperaturë 350°F për rreth 1 orë pasi të ketë mbaruar.

h) E heqim dhe e lëmë mënjanë të ftohet. Kur mollët të jenë ftohur mjaftueshëm për t'u trajtuar, ngrohni peltenë e zgjedhjes suaj dhe derdhni sipër sipër.

i) Lëreni peltenë mënjanë të ftohet. Shërbejeni.

63. Caramel krem

Shërbimet : 1 porcione

Përbërës

- ½ filxhan Sheqer pluhur
- 1 lugë çaji Uji
- 4 Të verdhat e vezëve ose 3 vezë të plota
- 2 gota Qumësht, i përvëluar
- ½ lugë çaji Ekstrakti i vaniljes

Udhëzime :

a) Në një tigan të madh, bashkoni 6 lugë sheqer dhe 1 filxhan ujë. Ngroheni në zjarr të ulët, duke tundur ose rrotulluar herë pas here me një lugë druri për të shmangur djegien, derisa sheqeri të marrë ngjyrë të artë.

b) Hidheni shurupin e karamelit në një enë pjekjeje të cekët (8x8 inç) ose në pjatë byreku sa më shpejt të jetë e mundur. Lëreni të ftohet derisa të forcohet.

c) Ngroheni furrën në 325 gradë Fahrenheit.

d) Ose rrihni të verdhat e vezëve ose të gjitha vezët së bashku. Përzieni qumështin, ekstraktin e vaniljes dhe sheqerin e mbetur derisa të bashkohen plotësisht.

e) Hidhni sipër karamelin e ftohur.

f) Vendoseni enën e pjekjes në një banjë me ujë të nxehtë. Piqni për 1-112 orë, ose derisa qendra të jetë vendosur. E ftohtë, e ftohtë, e ftohtë.

g) Për ta servirur, kthejeni me kujdes në një pjatë servirjeje.

64. Tortë me djathë spanjolle

Sercione : 10 racione

Përbërës

- 1 paund Krem djathi
- 1½ filxhan Sheqeri; E grimcuar
- 2 e vezë
- ½ lugë çaji kanellë; Tokë
- 1 lugë çaji Lëkurë limoni; I grirë në rende
- ¼ filxhan Miell i pazbardhur
- ½ lugë çaji Kripë
- 1 x Ambalazhues sheqeri
- 3 lugë gjelle Gjalpë

Udhëzime :

a) Ngroheni furrën në 400 gradë Fahrenheit. Kremi së bashku djathin, 1 lugë gjelle gjalpë dhe sheqerin në një legen të madh përzierjeje. Mos rrah.

b) Shtoni vezët një nga një, duke i rrahur mirë pas çdo shtimi.

c) Kombinoni kanellën, lëkurën e limonit, miellin dhe kripën. Lyejeni tavën me gjalpë me 2 lugët e mbetura gjalpë, duke e përhapur në mënyrë të barabartë me gishtat.

d) Brumin e derdhim në tavën e përgatitur dhe e pjekim në 400 gradë për 12 minuta, më pas e ulim në 350 gradë dhe e pjekim edhe 25 deri në 30 minuta. Thika duhet të jetë pa mbetje.

e) Kur keku të jetë ftohur në temperaturën e dhomës, pudrosni me sheqer ëmbëlsirash.

65. Krem i skuqur spanjoll

Sercionet : 8 racione

Përbërës

- 1 Shkop kanelle
- Lëvozhga e 1 limoni
- 3 gota Qumështi
- 1 filxhan Sheqeri
- 2 lugë gjelle Niseshte misri
- 2 lugë çaji kanellë
- Miell; për gërmim
- Larja e vezëve
- Vaj ulliri; për tiganisje

Udhëzime :

a) Kombinoni shkopin e kanellës, lëkurën e limonit, 34 filxhanë sheqer dhe 212 gota qumësht në një tenxhere mbi nxehtësinë mesatare.

b) Lëreni të ziejë pak, më pas zvogëloni në zjarr të ulët dhe gatuajeni për 30 minuta. Hiqni lëkurën e limonit dhe shkopin e kanellës. Kombinoni qumështin e mbetur dhe niseshte misri në një legen të vogël përzierjeje.

c) Rrihni mirë. Në një rrjedhë të ngadaltë dhe të qëndrueshme, përzieni përzierjen e niseshtës së misrit në qumështin e nxehtë. Lëreni të vlojë, më pas zvogëloni në zjarr të ulët dhe gatuajeni për 8 minuta, duke e trazuar shpesh. E heqim nga zjarri dhe e hedhim në një enë pjekjeje 8 inç të lyer me gjalpë.

d) Lëreni të ftohet plotësisht. Mbulojeni dhe ftoheni derisa të ftohet plotësisht. Bëni trekëndësha 2 inç nga kremi.

e) Kombinoni 14 gota të mbetura sheqer dhe kanellën në një tas. Përziejini tërësisht. Zhyt trekëndëshat në miell derisa të mbulohen plotësisht.

f) Zhytni çdo trekëndësh në larjen e vezëve dhe pikojini çdo tepricë. I kthejmë kremrat në miell dhe i lyejmë plotësisht.

g) Ngrohni vajin në një tigan të madh në zjarr mesatar. Vendosni trekëndëshat në vajin e nxehtë dhe skuqini për 3 minuta, ose derisa të marrin ngjyrë kafe nga të dyja anët.

h) Hiqeni pulën nga tigani dhe kullojeni në peshqir letre. Hidhni përzierjen e sheqerit me kanellë dhe rregulloni me kripë dhe piper.

i) Vazhdoni me pjesën tjetër të trekëndëshave në të njëjtën mënyrë.

66. Byrek italiane me artichoke

Servings : 8 Servings

Përbërës

- 3 Vezë; I rrahur
- 1 3 Oz pako krem djathi me qiqra; I zbutur
- ¾ lugë çaji Hudhra pluhur
- ¼ lugë çaji Piper
- 1½ filxhan Djathë Mocarela, Qumësht i skremuar pjesërisht; I copëtuar
- 1 filxhan Djathë Ricotta
- ½ filxhan Majonezë
- 1 14 Oz Can Angjinarja Hearts; E kulluar
- ½ 15 Oz Can Garbanzo Fasule, të Konservuara; E shpëlarë Dhe e kulluar
- 1 2 1/4 Oz ullinj të prerë në feta; E kulluar
- 1 2 Oz Jar Pimientos; E prerë në kubikë dhe e kulluar
- 2 lugë gjelle Majdanoz; E prerë
- 1 Kore byreku (9 inç); E papjekur

- 2 të vogla Domate; I prerë në feta

Udhëzime :

a) Kombinoni vezët, kremin e djathit, hudhrën pluhur dhe piperin në një legen të madh përzierjeje. Kombinoni 1 filxhan djathë mocarela, djathin rikota dhe majonezën në një tas.

b) Përziejini derisa gjithçka të përzihet mirë.

c) Pritini 2 zemra angjinare në gjysmë dhe lërini mënjanë. Prisni pjesën tjetër të zemrave.

d) Hidhni përzierjen e djathit me zemrat e copëtuara, fasulet garbanzo, ullinjtë, pimientos dhe majdanozin. Mbushni lëvozhgën e pastës me përzierjen.

e) Piqeni për 30 minuta në 350 gradë. Sipër duhet spërkatur djathi i mbetur mocarela dhe djathi parmixhan.

f) E pjekim edhe për 15 minuta të tjera ose derisa të jenë vendosur.

g) Lëreni të pushojë për 10 minuta.

h) Sipër, rregulloni feta domate dhe zemrat e angjinares të prera në katër pjesë.

i) Shërbejeni

67. Pjeshkë italiane të pjekura

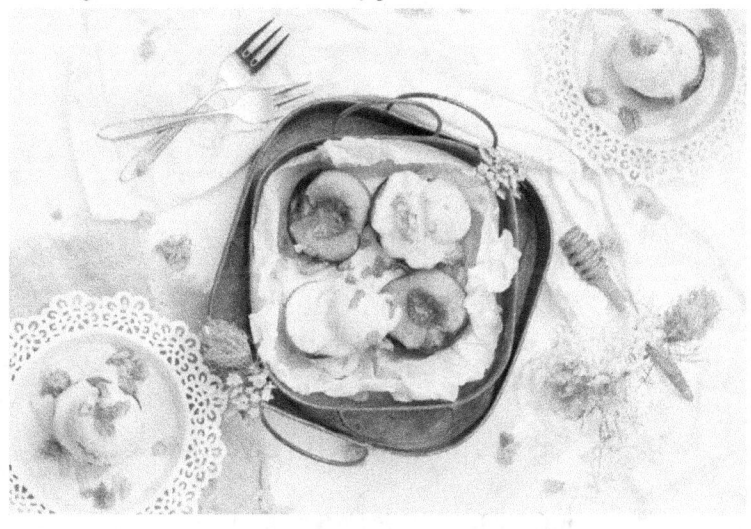

Shërbimet : 1 porcione

Përbërës

- 6 Pjeshkë të pjekura
- ⅓ filxhan Sheqeri
- 1 filxhan Bajame të bluara
- 1 E kuqja e vezes
- ½ lugë çaji Ekstrakti i bajames
- 4 lugë gjelle Gjalpë
- ¼ filxhan Bajame të prera në feta
- Krem i rëndë , sipas dëshirës

Udhëzime :

a) Ngroheni furrën në 350 gradë Fahrenheit. Pjeshkët duhet të shpëlahen, të përgjysmohen dhe të nxirren gropa. Në një përpunues ushqimi, bëni pure 2 nga gjysmat e pjeshkës.

b) Në një pjatë për përzierje, bashkoni purenë, sheqerin, bajamet e bluara, të verdhën e vezës dhe ekstraktin e bajames. Për të bërë një pastë të butë, kombinoni të gjithë përbërësit në një tas.

c) Hidhni mbushjen mbi çdo gjysmë pjeshke dhe vendosni gjysmat e mbushura të pjeshkës në një tepsi të lyer me gjalpë.

d) Spërkateni me bajame të prera në feta dhe lyeni pjeshkët me gjalpin e mbetur përpara se t'i piqni për 45 minuta.

e) Shërbejeni të nxehtë ose të ftohtë, me një anë krem ose akullore.

68. Tortë pikante italiane me kumbulla me kumbulla

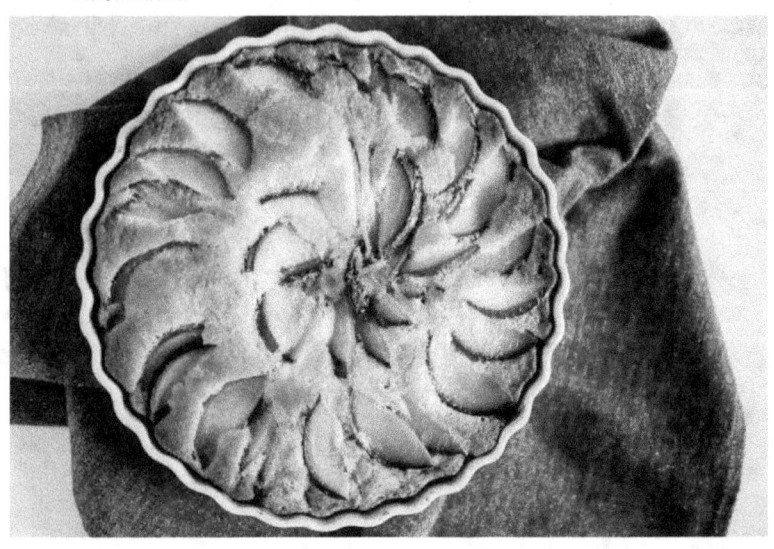

Sercionet : 12 racione

Përbërës

- 2 gota Italian me gropa dhe me çerek
- Kumbulla kumbulla, të gatuara deri
- E bute dhe e ftohur
- 1 filxhan Gjalpë pa kripë, i zbutur
- 1¾ filxhan Sheqer pluhur
- 4 Vezët
- 3 gota Miell i situr
- ¼ filxhan Gjalpe pa kripe
- ½ paund Sheqer pluhur
- 1½ lugë gjelle Kakao pa sheqer
- Pini kripë
- 1 lugë çaji kanellë
- ½ lugë çaji Karafil i bluar
- ½ lugë çaji Arrëmyshk terren
- 2 lugë çaji Sode buke

- ½ filxhan Qumështi
- 1 filxhan Arra, të grira imët
- 2 Deri në 3 lugë të fortë, të nxehtë
- Kafe
- ¾ lugë çaji Vanilje

Drejtimet:

a) Ngrohni furrën në 350°F. Lyejeni me gjalpë dhe miell një tavë Bundt 10 inç.

b) Në një legen të madh përzierjeje, kremojeni së bashku gjalpin dhe sheqerin derisa të bëhen të lehta dhe me gëzof.

c) Rrihni vezët një nga një.

d) Kombinoni miellin, erëzat dhe sodën e bukës në një sitës. Në të tretat, shtoni përzierjen e miellit në përzierjen e gjalpit, duke alternuar me qumështin. Rrihni vetëm për të kombinuar përbërësit.

e) Shtoni kumbullat e ziera dhe arrat dhe i përzieni të bashkohen. E kthejmë në tavë të përgatitur dhe e pjekim për 1 orë në furrë 350°F, ose derisa torta të fillojë të tkurret nga anët e tepsisë.

f) Për të bërë kremin e kremës së bashku me gjalpin dhe sheqerin e ëmbëlsirave. Shtoni gradualisht sheqerin dhe pluhurin e kakaos, duke i përzier vazhdimisht derisa të bashkohen plotësisht. Sezoni me kripë.

g) Përzieni një sasi të vogël kafeje në të njëjtën kohë.

h) I rrahim sa të zbehet dhe të zbutet, më pas shtojmë vaniljen dhe dekorojmë tortën.

69. S panish karamele me arra

Shërbimet : 1 porcione

Përbërës

- 1 filxhan Qumështi
- 3 gota Sheqer kafe e lehtë
- 1 lugë gjelle gjalpë
- 1 lugë çaji Ekstrakti i vaniljes
- 1 paund mish arre; i copëtuar

Udhëzime :

a) Zieni qumështin me sheqerin kaf derisa të karamelizohet, më pas shtoni gjalpin dhe thelbin e vaniljes menjëherë përpara se ta shërbeni.

b) Pak para se të hiqni karamele nga zjarri, shtoni arrat.

c) Në një tas të madh përzierjeje, bashkoni tërësisht arrat dhe hidheni përzierjen me lugë në format e përgatitura për kifle.

d) Pritini menjëherë në katrorë me një thikë të mprehtë.

70. Honeyed puding

Sercionet : 6 racione

Përbërës

- ¼ filxhan Gjalpe pa kripe
- 1½ filxhan Qumështi
- 2 te medha Vezë; i rrahur lehtë
- 6 feta Bukë e bardhë e vendit; të grisura
- ½ filxhan Qartë; mjaltë i hollë, plus
- 1 lugë gjelle Qartë; mjaltë i hollë
- ½ filxhan Ujë i nxehtë; plus
- 1 lugë gjelle Ujë i nxehtë
- ¼ lugë çaji Kanellë terren
- ¼ lugë çaji Vanilje

Udhëzime :

a) Ngroheni furrën në 350 gradë dhe përdorni pak gjalpë për të lyer me gjalpë një pjatë qelqi 9 inç për byrekun. Rrihni qumështin dhe vezët, më pas shtoni copat e bukës dhe kthejeni që të mbulohen në mënyrë të barabartë.

b) Lëreni bukën të njomet për 15 deri në 20 minuta, duke e kthyer një herë ose dy herë. Në një tigan të madh që nuk ngjit, ngrohni gjalpin e mbetur në nxehtësi mesatare.

c) Skuqni bukën e njomur në gjalpë derisa të marrë ngjyrë të artë, rreth 2 deri në 3 minuta nga secila anë. Transferoni bukën në enën e pjekjes.

d) Në një tas, bashkoni mjaltin dhe ujin e nxehtë dhe përzieni derisa masa të përzihet në mënyrë të barabartë.

e) Përzieni kanellën dhe vaniljen dhe derdhni përzierjen mbi dhe rreth bukës.

f) Piqni për rreth 30 minuta, ose deri në kafe të artë.

71. Torte qepe spanjolle

Sercionet : 2 racione

Përbërës

- ½ lugë çaji Vaj ulliri
- 1 litër qepë spanjolle
- ¼ filxhan Uji
- ¼ filxhan verë e kuqe
- ¼ lugë çaji Rozmarinë e tharë
- 250 gram Patate
- 3/16 filxhan Kos natyral
- ½ lugë gjelle Miell i thjeshtë
- ½ Vezë
- ¼ filxhan Djathë parmixhano
- ⅛ filxhan Majdanoz italian i grirë

Udhëzime :

a) Përgatisni qepët spanjolle duke i prerë hollë dhe duke grirë në rende patatet dhe djathin parmixhano.

b) Në një tigan me fund të rëndë, ngrohni vajin. Gatuani, duke i përzier herë pas here, derisa qepët të jenë të buta.

c) Ziejini për 20 minuta, ose derisa lëngu të ketë avulluar dhe qepët të kenë marrë një ngjyrë kafe të errët në të kuqërremtë.

d) Përzieni rozmarinën, patatet, miellin, kosin, vezën dhe djathin parmixhano në një tas. Hidhni në të qepët.

e) Në një enë të lyer mirë 25 cm kundër furrës, shpërndani përbërësit në mënyrë të barabartë. Ngroheni furrën në 200°C dhe piqni për 35-40 minuta, ose derisa të marrin ngjyrë kafe të artë.

f) Dekoroni me majdanoz përpara se ta prisni në copa dhe ta shërbeni.

72. Sufle tigani spanjoll

Serbimet : 1

Përbërës

- 1 Kuti spanjolle oriz kafe të shpejtë
- 4 Vezët
- 4 ons Ftonjtë e gjelbër të copëtuar
- 1 filxhan Uji
- 1 filxhan Djathë i grirë

Udhëzime :

a) Ndiqni udhëzimet e paketimit për gatimin e përmbajtjes së kutisë.

b) Kur orizi të jetë gati, shtoni përbërësit e mbetur, duke përjashtuar djathin.

c) Spërkateni me djathë të grirë dhe piqni në 325°F për 30-35 minuta.

73. Semifredo me mjaltë të ngrirë

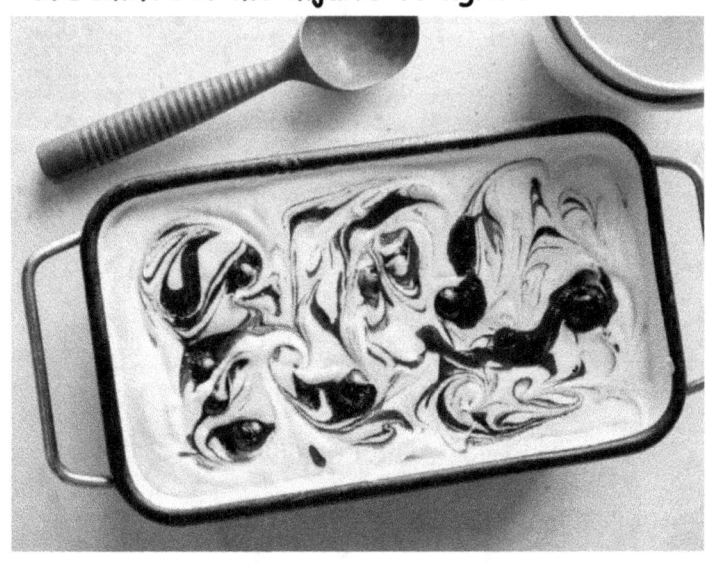

Shërben: 8 racione

Përbërësit

- 8 ons krem të rëndë
- 1 lugë çaji ekstrakt vanilje
- 1/4 lugë çaji ujë trëndafili
- 4 vezë të mëdha
- 4 1/2 ons mjaltë
- 1/4 lugë çaji plus 1/8 lugë çaji kripë kosher
- Mbushje të tilla si fruta të prera, arra të thekura, kakao ose çokollatë të rruar

Drejtimet

a) Ngrohni furrën në 350°F. Rreshtoni një tepsi 9 me 5 inç me mbështjellës plastik ose letër pergamene.

b) Për Semifredo, në tasin e një mikseri të pajisur me një shtojcë kamxhik, rrihni kremin, vaniljen dhe ujin e trëndafilit derisa të bëhet i fortë.

c) Transferoni në një tas ose pjatë të veçantë, mbulojeni dhe ftohuni derisa të jeni gati për t'u përdorur.

d) Në tasin e një mikseri, përzieni vezët, mjaltin dhe kripën. Për t'i përzier, përdorni një shpatull fleksibël për të përzier gjithçka së bashku. Rregulloni nxehtësinë për të mbajtur një zierje të ngadaltë mbi banjën e përgatitur me ujë, duke u siguruar që tasi të mos prekë ujin.

e) Në një legen inox, gatuajeni, rrotulloni dhe gërvishtni rregullisht me një shpatull fleksibël, derisa të ngrohet në 165°F, rreth 10 minuta.

f) Transferojeni përzierjen në një mikser të pajisur me një rrahëse kur të arrijë 165°F. Rrihni vezët lart derisa të bëhen shkumë.

g) Përzieni me lehtësi gjysmën e kremës së rrahur të përgatitur me dorë. Shtoni përbërësit e mbetur , përzieni shpejt dhe më pas paloseni me një shpatull fleksibël derisa të përzihet mirë.

h) Hidheni në tepsi të përgatitur, mbulojeni fort dhe ngrini për 8 orë ose derisa të ngurtësohet mjaftueshëm për t'u prerë në feta, ose derisa temperatura e brendshme të arrijë 0°F.

i) Përmbysni gjysmëfredonin në një pjatë të ftohur për ta shërbyer.

74. Zabaglione

Serbimet: 4

Përbërësit

- 4 te verdha veze
- 1/4 filxhan sheqer
- 1/2 filxhan Marsala verë e thatë ose tjetër e bardhë e thatë
- disa degë menteje të freskët

Drejtimet :

a) Në një legen rezistent ndaj nxehtësisë, përzieni të verdhat dhe sheqerin derisa të zverdhen dhe të shkëlqejnë. Marsala më pas duhet të futet brenda.

b) Sillni një tenxhere mesatare të mbushur përgjysmë me ujë në një valë të ulët. Filloni të rrahni përzierjen e vezëve/verës në tasin rezistent ndaj nxehtësisë sipër tenxheres.

c) Vazhdoni të rrihni për 10 minuta me rrahës elektrik (ose një kamxhik) mbi ujë të nxehtë.

d) Përdorni një termometër me lexim të menjëhershëm për të siguruar që përzierja të arrijë 160°F gjatë periudhës së gatimit.

e) Hiqeni nga zjarri dhe vendosni zabaglione mbi frutat e përgatitura, duke e zbukuruar me gjethe të freskëta nenexhiku.

f) Zabaglione shërbehet po aq e shijshme mbi akulloren ose më vete.

75. Affogato

Serbimet: 1

Përbërësit

- 1 lugë akullore me vanilje
- 1 gotë ekspres
- Një shishe salcë çokollate, sipas dëshirës

Drejtimet :

a) Në një gotë vendosni një lugë akullore me vanilje dhe 1 gotë ekspres.

b) S serve!

PIJET MESIDETARE

76. Rum dhe xhenxhefil

Shërbimet: 1 person

Përbërësit :

- 50 ml rum Bacardi
- 100 ml birrë xhenxhefil
- 2 feta lime
- 2 dash Angostura e hidhur
- 1 degë nenexhik

Drejtimet :

a) Shtoni akull në një gotë.

b) Shtoni lëngun e limonit, rumin, birrën e xhenxhefilit dhe bitters .

c) Përziejini butësisht përbërësit së bashku.

d) Dekoroni me një fetë lime dhe gjethe nenexhiku.

e) Shërbejeni.

77. Krem sode italiane

Porcionet: 1 porcione

Përbërës

- 1 ons qumësht i ftohtë
- 1 ons Deri në 1 1/2 oz Pjeshkë ose aromë tjetër shurupi
- Akull
- 9 ons ujë të gazuar
- Fruta të freskëta ose gjysmë e gjysmë për zbukurim

Drejtimet :

a) Në një gotë 12 oz, kombinoni qumështin dhe shurupin dhe përzieni plotësisht.

b) Mbushni gotën përgjysmë me akull, më pas mbusheni me ujë të gazuar. Përziejini edhe një herë.

c) Shërbejeni me fruta të freskëta ose një lugë çaji gjysmë e gjysmë si garniturë.

78. Sangria spanjolle

Porcionet: 6 deri në 8 racione

Përbërësit

- 1 portokall, i prerë në feta
- 2 limonë, të prerë në feta
- 1/2 filxhan sheqer
- 2 shishe verë të kuqe
- 2 ons trefishtë sekondë
- 1/2 filxhan raki
- 2 (12 ons) kanaçe sode limon-lime

Drejtimet :

a) Në një tas të madh me grusht, prisni portokallin dhe limonët në feta të trasha 1/8 inç.

b) Shtoni 1/2 filxhan sheqer (ose më pak nëse dëshironi) dhe lërini frutat të zhyten në sheqer për rreth 10 minuta, aq sa të rrjedhin lëngjet natyrale të frutave.

c) Shtoni verën dhe përzieni mirë që të tretet sheqeri.

d) Llokoçis në sekondë trefishtë dhe raki.

e) Shtoni 2 kanaçe me sodë dhe përzieni

f) Nëse dëshironi, shtoni më shumë sheqer ose sodë. Kontrolloni nëse sheqeri është tretur plotësisht.

g) Për të ftohur plotësisht enën me grusht, shtoni një sasi të madhe akulli.

h) Nëse jeni duke shërbyer sangria në qypa, mbushini ato përgjysmë me akull dhe më pas derdhni sangria mbi të.

79. Tinto de Verano

Shërbim: 1 porcion

Përbërësit

- 3 deri në 4 kube akulli
- 1/2 filxhan verë të kuqe
- 1/2 filxhan sode limon-lime
- Fetë limoni, për zbukurim

Udhëzime :

a) Në një gotë të gjatë vendosni kube akulli.

b) Hidhni verën e kuqe dhe sodën.

c) Shërbejeni me një fetë limoni si garniturë.

80. Verë e bardhë Sangria

Porcionet: 8 racione

Përbërësit

- 3 portokall mesatarë ose 1 filxhan lëng portokalli
- 1 limon, i prerë në copa
- 1 gëlqere, e prerë në copa
- 1 shishe verë e bardhë, e ftohtë
- 2 ons raki, sipas dëshirës
- 2/3 filxhan sheqer të bardhë
- 2 gota sode klubi, ose ale xhenxhefil

Udhëzime :

a) Në një tenxhere, shtrydhni lëngun nga pykat e agrumeve.

b) Hiqni farat dhe hidhini në copa nëse është e mundur. Mbushni shtambën me lëng portokalli nëse e përdorni në vend të tij.

c) Hidhni verën e bardhë mbi frutat në enë.

d) Shtoni rakinë dhe sheqerin nëse përdorni. Për të siguruar që i gjithë sheqeri të jetë tretur, përzieni fuqishëm.

e) Mbajeni në frigorifer nëse nuk e shërbeni menjëherë.

f) Për të mbajtur sangria me gaz, shtoni ale xhinxheri ose sode klubi menjëherë përpara se ta shërbeni.

81. Horchata

Porcionet: 4 racione

Përbërësit

- 1 filxhan oriz të bardhë me kokërr të gjatë
- 1 shkop kanelle e thyer
- 1 lugë çaji lëvore lime
- 5 gota ujë të pijshëm (të ndara)
- 1/2 filxhan sheqer të grimcuar

Udhëzime :

a) Pulverizoni orizin në një blender derisa të arrijë një konsistencë me miell.

b) Hidheni atë me shkopin e kanellës dhe lëkurën e gëlqeres dhe lëreni të pushojë në një enë hermetike në temperaturën e dhomës gjatë gjithë natës.

c) Kthejeni përzierjen e orizit në blender dhe përpunojeni derisa copat e shkopit të kanellës të prishen plotësisht.

d) Përzieni me 2 gota ujë në përzierje.

e) E vendosim në frigorifer për disa orë.

f) Kullojeni lëngun përmes një sitë të imët ose disa shtresa napë në një enë ose tas, duke e shtrydhur shpesh për të hequr sa më shumë ujin e qumështit të orizit.

g) Përzieni 3 gota ujë dhe sheqerin derisa sheqeri të tretet plotësisht.

h) Ftoheni horçatën përpara se ta shërbeni.

82. Licor 43 Kuba Libre

Shërbim: 1 porcion

Përbërësit

- 1 ons Licor 43
- 1/2 ons rum
- 8 ons kola
- 1/2 ons lëng limoni
- Fetë limoni, për zbukurim

Udhëzime :

a) Vendosni kube akulli në një gotë 12 ons.

b) Fusni Licor 43 dhe rumin në gotë; sipër me cola.

c) Shtrydhni lëngun e limonit në gotë; Përziejini për t'u kombinuar; dhe shërbejeni me një fetë limoni si garniturë.

d) Kënaquni!

83. Fruta Agua Fresca

Përbërësit

- 4 gota ujë të pijshëm
- 2 gota fruta të freskëta
- 1/4 filxhan sheqer
- 2 lugë çaji lëng gëlqereje të freskët të shtrydhur
- pyka gëlqereje për zbukurim
- Akull

Udhëzime :

a) Kombinoni ujin, sheqerin dhe frutat në një blender.

b) Bëjeni pure derisa të jetë plotësisht e qetë. Mbushni një tenxhere ose enë për servirje përgjysmë me përzierjen.

c) Shtoni lëngun e limonit dhe përzieni që të bashkohet. Nëse është e nevojshme, shtoni më shumë sheqer pas shijimit.

d) Shërbejeni me një copë limon ose gëlqere si garniturë.

e) Nëse dëshironi, shërbejeni mbi akull.

84. Caipirinha

Shërbim: 1 porcion

Përbërësit

- 1/2 gëlqere
- 1 1/2 lugë çaji sheqer super i imët
- 2 ons cachaça/liquor me kallam sheqeri
- Rrota e gëlqeres, për zbukurim

Udhëzime :

a) Pritini gjysmën e gëlqeres në copa të vogla duke përdorur një thikë.

b) Përzieni gëlqeren dhe sheqerin së bashku në një gotë të modës së vjetër.

c) Shtoni kaçaçën në pije dhe përzieni mirë.

d) Shtoni kuba të vegjël akulli ose akull të thyer në gotë, përzieni përsëri dhe më pas zbukurojeni me një rrotë gëlqereje.

85. Karajillo

Përbërësit

- ½ filxhan ekspres i zier ose ekspres pa kafe
- 1 ½ deri në 2 ons Licor 43
- 8 kube akulli

Udhëzime :

a) Hidhni 12 deri në 2 ons Licor 43 mbi akull në një gotë të modës së vjetër.

b) Hidhni ngadalë ekspresin e sapokrijuar sipër.

c) Hidhni ekspresin mbi pjesën e pasme të një luge për të krijuar një efekt të niveleve, më pas shërbejeni.

86. Liker limoni

Përbërësit

- Preferohen 10 limon organik
- 4 gota vodka me cilësi të lartë si Grey Goose
- 3 ½ gota ujë
- 2 ½ gota sheqer të grimcuar

Udhëzime :

a) Lani limonët me një furçë perimesh dhe ujë të nxehtë për të hequr çdo mbetje pesticidesh ose dylli. Thajeni limonët.

b) Hiqni lëvozhgën nga limonët në shirita të gjatë me një qëruese perimesh, duke përdorur vetëm pjesën e jashtme të verdhë të lëvozhgës. Gryka, e cila është pjesa e bardhë nën lëkurë, është jashtëzakonisht e hidhur. Mbajini limonët për t'i përdorur në një pjatë tjetër.

c) Në një kavanoz ose shtambë të madhe, derdhni vodka.

d) Hidhini lëvozhgat e limonit në kavanozin ose shtambën e madhe dhe mbulojeni me kapak ose mbështjellës plastik.

e) Zhytni lëvozhgat e limonit në vodka në temperaturën e dhomës për 10 ditë.

f) Pas 10 ditësh, vendosni ujin dhe sheqerin në një tenxhere të madhe në zjarr mesatar dhe lërini të vlojnë ngadalë, rreth 5 – 7 minuta. Lëreni të ftohet plotësisht.

g) E heqim shurupin nga zjarri dhe e lëmë mënjanë të ftohet përpara se ta kombinosh me përzierjen Limoncello me lëvozhgë limoni dhe vodka. Mbushni përzierjen e limonit/vodkës përgjysmë me shurup sheqeri.

h) Duke përdorur një sitë rrjetë, një filtër kafeje ose napë, kullojeni limoncellon.

i) Hidhni lëvozhgat. Duke përdorur një hinkë të vogël, transferojeni në shishe dekorative të stilit të kapëses.

j) Lërini shishet në frigorifer derisa të ftohen plotësisht.

87. Sgroppino

Përbërësit

- 4 oz vodka
- 8 oz Prosecco
- 1 grumbull sherbet limoni
- Garniturat opsionale
- lëkura e limonit
- pykat e limonit
- perdredhje limoni
- gjethet e freskëta të nenexhikut
- gjethe borziloku të freskët

Udhëzime :

a) Në një blender, kombinoni tre përbërësit e parë.

b) Procedoni derisa të jetë e qetë dhe e përzier.

c) Shërbejeni në flauta shampanje ose gota vere.

88. Aperol Spritz

Përbërësit

- 3 ounces prosecco
- 2 ons Aperol
- 1 ons sode klubi
- Garniturë: fetë portokalli

Drejtimet :

a) Në një gotë vere të mbushur me akull, përzieni prosecco-n, Aperol-in dhe sodën e klubit.

b) Shtoni një fetë portokalli si garniturë.

89. Sode italiane Blackberry

Përbërësit

- 1/3 filxhan shurup Blackberry
- 2/3 filxhan sode klubi

Drejtimet

a) Në një gotë 10 ons, derdhni shurupin.

b) Shtoni sodën dhe përzieni mirë.

90. Kafe Italiane Granita

Përbërësit

- 4 gota ujë
- 1 filxhan kafe të bluar ekspres-i pjekur
- 1 filxhan sheqer

Drejtimet :

a) Lëreni ujin të vlojë dhe më pas shtoni kafen. Hidheni kafenë përmes një sitë. Shtoni sheqerin dhe përziejini mirë. Lëreni përzierjen të ftohet në temperaturën e dhomës.

b) Frëngjisht skuqni **Përbërësit** në një tigan 9x13x2 për 20 minuta. Duke përdorur një shpatull të sheshtë, kruani përzierjen (më pëlqen të përdor personalisht një pirun).

c) Skuqeni çdo 10-15 minuta derisa masa të jetë e trashë dhe e rrumbullakët. Nëse formohen copa të trasha, i bëni pure në një procesor ushqimi përpara se t'i ktheni në ngrirje.

d) Shërbejeni me një kukull të vogël kremi të ftohtë në një ëmbëlsirë të bukur, të ftohtë ose klasë Martini.

91. Limonadë borziloku italian

Serbimet: 6

Përbërësit

- 3 limonë
- ⅓ filxhan sheqer
- 2 gota ujë
- 1 filxhan lëng limoni
- ¼ filxhan gjethe borziloku të freskët

Për të shërbyer:

- 2 gota ujë ose sode klubi të ftohur
- Akull i grimcuar
- Dekoroni me feta limoni dhe degëza borziloku

Udhëzime :

a) Kombinoni sheqerin, ujin dhe 1 filxhan lëng limoni në një tenxhere mbi nxehtësinë mesatare.

b) E trazojmë dhe e kaurdisim derisa kjo përzierje të ziejë dhe sheqeri të tretet. E heqim tiganin nga zjarri dhe i përziejmë gjethet e borzilokut dhe rripat e lëkurës së limonit.

c) Lëreni borzilokun të zhytet në ujë për 5-10 minuta.

d) Hiqni borzilokun dhe copat e lëvores nga shurupi i borzilokut me limon duke e kulluar. Lëreni në frigorifer derisa të ftohet plotësisht në një kavanoz murature ose enë tjetër të mbuluar.

e) Kur të jeni gati për të servirur limonadën, kombinoni koncentratin e limonadës, ujin ose sodën, akullin e grimcuar dhe degëzat e borzilokut në një enë.

f) Hidheni në gota të veçanta.

g) Sipër i hidhni gjethet e borzilokut të freskët dhe feta limoni për zbukurim.

92. Gingermore

Përbërësit

- 1 oz lëng gëlqereje
- 2 feta të vogla xhenxhefil të freskët
- 4 manaferra
- Sanpellegrino Limonata

Udhëzime :

a) Përzieni manaferrat dhe xhenxhefilin e freskët në fund të një gote të fortë e të gjatë (kapaciteti 14 oz).

b) Vendosni kube akulli në gotë dhe sipër me Sanpellegrino Limonata.

c) Duke përdorur një lugë, përzieni butësisht përbërësit.

d) Shtoni lëkurën e limonit, manaferrat dhe nenexhikun e freskët për zbukurim.

93. Hugo

SHERBIMET 1

Përbërësit

- 15 cl Prosecco, e ftohur
- 2 cl shurup elderberry, ose shurup balsam limoni
- disa gjethe nenexhiku
- 1 lëng limoni i saposhtrydhur, ose lëng limoni
- 3 kube akulli
- shtënë ujë mineral të gazuar, ose ujë me gaz
- feta limoni, ose gëlqere për dekorimin e gotës ose si garniturë

Udhëzime :

a) Vendosni kubat e akullit, shurupin dhe gjethet e mentes në një gotë vere të kuqe. Unë rekomandoj që paraprakisht të rrahni lehtë gjethet e mentes pasi kjo do të aktivizojë aromën e barit.

b) Hidhni në gotë lëng limoni ose gëlqereje të saposhtrydhur. Vendosni një fetë limoni ose gëlqere në gotë dhe shtoni Prosecco të ftohtë.

c) Pas disa çastesh, shtoni një spërkatje me ujë mineral të gazuar.

94. Frape me fruta të freskëta spanjolle

Sercionet : 6 racione

Përbërësit :

- 1 filxhan Shalqi , i prerë në kubikë
- 1 filxhan Pjepër , në kubikë
- 1 filxhan Ananasi , i prerë në kubikë
- 1 filxhan Mango , e prerë në feta
- 1 filxhan Luleshtrydhet , të përgjysmuara
- 1 filxhan lëng portokalli
- $\frac{1}{4}$ filxhan Sheqeri

Udhëzime :

a) Kombinoni të gjithë **përbërësit** në një tas. Mbushni blenderin përgjysmë me përmbajtjen dhe mbusheni me akull të thyer.

b) Mbulojeni dhe përzieni me shpejtësi të lartë derisa të merrni një konsistencë të qëndrueshme. Përsëriteni me pjesën tjetër të përzierjes.

c) Shërbejeni menjëherë, nëse dëshironi me fruta të freskëta anash.

95. Çokollatë e nxehtë në stilin panish

Servings : 6 Servings

Përbërës

- ½ paund Çokollatë e ëmbël buke
- 1 litër Qumësht; (ose 1/2 qumësht gjysmë ujë)
- 2 lugë çaji Niseshte misri

Udhëzime :

a) Ndajeni çokollatën në copa të vogla dhe bashkojeni me qumështin në një tenxhere.

b) Ngroheni ngadalë, duke e përzier vazhdimisht me një kamxhik, derisa masa të arrijë pak nën pikën e vlimit.

c) Duke përdorur disa lugë çaji ujë, shpërndani niseshte misri.

d) Përzieni niseshtenë e tretur të misrit në përzierjen e çokollatës derisa lëngu të trashet.

e) Shërbejeni menjëherë në gota të ngrohta.

96. Chinotto jeshile

Përbërësit :

- 1 oz/3 cl shurup sherebele dhe nenexhik
- ¾ oz/2,5 cl lëng gëlqereje
- Mbushe me Sanpellegrino Chinotto

Udhëzime :

a) Hidhni të gjithë shurupin dhe lëngun në një gotë të madhe dhe të fortë.

b) Duke përdorur një lugë, përzieni me kujdes gjithçka.

c) Shtoni akullin në gotë dhe mbusheni me Sanpellegrino Chinotto.

d) Shërbejeni me një segment lime dhe nenexhik të freskët si garniturë.

97. Rose Spritz

Porcionet : 1 pije

Përbërësit

- 2 ons trëndafili Aperitivo ose liker trëndafili
- 6 ons Prosecco ose verë e gazuar
- 2 ons sode
- Fetë grejpfrut për zbukurim

Udhëzime :

a) Në një shaker koktej, kombinoni 1 pjesë trëndafili Aperitivo, 3 pjesë Prosecco dhe 1 pjesë sodë.

b) Tundeni fuqishëm dhe kullojeni në një gotë kokteji.

c) Shtoni akull të grimcuar ose kube akulli.

d) Shtoni një fetë grejpfrut si garniturë. Pini sa më shpejt.

98. Honey bee cortado

Përbërësit :

- 2 gota ekspres
- 60 ml qumësht i zier me avull
- 0,7 ml shurup vanilje
- 0,7 ml shurup mjalti

Drejtimet :

a) Bëni një gotë ekspres të dyfishtë.

b) Lëreni qumështin të ziejë.

c) Hidhni kafen me shurupet e vaniljes dhe mjaltit dhe përzieni mirë.

d) Shkumojeni një shtresë të hollë sipër përzierjes së kafesë/shurupit duke shtuar pjesë të barabarta qumësht.

99. Agrumet e hidhura

Serbimet: 2

Përbërësit :

- 4 portokall mundësisht organike
- 3 lugë anise
- 1 lugë gjelle karafil
- 1 lugë gjelle me bishtaja kardamom jeshil
- 1 lugë gjelle rrënjë gentiane
- 2 gota vodka ose alkool tjetër të fortë

Drejtimet :

a) Në një kavanoz qelqi shtoni lëvozhgën/lëvozhgat e thara të portokallit, erëzat e tjera dhe rrënjën e gentianit. Për të zbuluar farat brenda bishtajave të kardamonit, shtypini ato.

b) Duke përdorur një alkool provë të fortë sipas zgjedhjes suaj, mbuloni plotësisht lëvozhgat dhe erëzat e portokallit.

c) Shkundni përzierjen me alkoolin për ditët në vijim. Lërini shumë ditë deri në javë që lëvozhgat e portokallit dhe erëzat të depërtojnë në alkool.

d) Nga tinktura tashmë e shijshme e alkoolit, kullojini lëvozhgat dhe erëzat.

100. Pisko i thartë

Shërbim 1

Përbërësit

- 2 oz pisko
- 1 oz shurup i thjeshtë
- ¾ oz lëng gëlqereje kyçe
- 1 e bardhe veze
- 2-3 pika Angostura e hidhur

Drejtimet

a) Përzieni pisko, lëngun e limonit, shurupin e thjeshtë dhe të bardhën e vezës në një shaker kokteji.

b) Shtoni akull dhe shkundni në mënyrë agresive.

c) Kullojeni në një gotë të cilësisë së mirë.

d) Mbushni shkumën me disa pika Angostura Bitters.

PËRFUNDIM

Ndërsa mbyllim faqet e " Një Udhëtim Kulinar Mesdhetar", shpresojmë që të keni ndjerë ngrohtësinë e diellit mesdhetar dhe përqafimin e trashëgimisë së tij të pasur të kuzhinës. Nëpërmjet çdo recete, ju jeni lidhur me brezat e kaluar dhe të tanishëm, duke zbuluar artin e transformimit të përbërësve të thjeshtë në pjata të jashtëzakonshme që ushqejnë trupin dhe shpirtin.

Le të vazhdojnë shijet e Mesdheut të frymëzojnë aventurat tuaja të kuzhinës. Qoftë nëse jeni duke rikrijuar një kujtim të dashur ose po filloni një eksplorim të ri kulinarie, fryma e Mesdheut le të mbushë çdo kafshatë me gëzim, mirënjohje dhe një ndjenjë lidhjeje me botën përreth nesh.

Falemnderit që nisët këtë udhëtim me ne. Ndërsa vazhdoni të shijoni diellin përmes gatimit tuaj, mund tavolina juaj të jetë një vend festimi, lidhjeje dhe kënaqësie më të pastër të shijeve të shkëlqyera të jetës.

www.ingramcontent.com/pod-product-compliance
Lightning Source LLC
LaVergne TN
LVHW021653060526
838200LV00050B/2327